Heinrich Spohr

Pott wie Deckel

Rheinische Sprichwörter
& Redensarten in der
Düsseldorfer Mundart

G R L E

Das Auge liest mit – schöne Bücher für kluge Leser

1. Auflage 2020

Martin-Luther-Platz 26 · 40212 Düsseldorf
Düssel-Druck GmbH, Düsseldorf
ISBN 978-3-89978-356-8
www.grupello.de

Inhalt

Grußwort

Sprichwörter, Redewendungen und Sprachbilder machen den Reiz einer Sprache aus. Sie veranschaulichen unser Sprechen und gestalten das, was wir sagen wollen, bildhaft, lebensnah und überzeugend. Schon in der Bibel werden den Menschen Sachzusammenhänge in Gleichnissen und Bildern erläutert. Kompliziertes wird plötzlich einfach, zugänglich und verständlich. In unserer Mundart ist das nicht anders.

Sprichwörter, Redewendungen und Sprachbilder in der Mundart sagen viel über das Zusammenleben und Miteinander der Menschen einer Region aus.

Die Werke »Dr Affekat em Zuppejröns« und »De Aapefott böllkt Zapperlot«, beide mit dem Untertitel »Begriffe der Düsseldorfer Mundart – Bedeutung und Herkunft«, haben sich eines großen Echos erfreut. Das zeigt, wie lebendig das Verständnis der rheinischen Mundart ist, im Besonderen die Düsseldorfer Variante.

In dem hier vorgelegten neuen Werk geht Heinrich Spohr den Wortbedeutungen und dem Sinngehalt in rheinischen Sprichwörtern, Redewendungen und Sprachbildern auf den Grund. Dabei wurde eine Vielzahl von höchst wissenswerten sprachhistorischen und soziologischen Erkenntnissen zutage gefördert.

Es lohnt sich, das neue Werk nicht nur zur Hand zu nehmen, sondern sich von den neuen Erkenntnissen des Autors einfangen zu lassen. Bei dieser Freude und Wissen spendenden Lektüre wünsche ich viel Vergnügen!

Ihr/Üer Thomas Geisel
Oberbürgermeister der Landeshauptstadt Düsseldorf

Vorwort

Sprichwörter und Redensarten, Sprachbilder und bildhafte Ausdrücke, die wir täglich benutzen, charakterisieren das Rheinische als lebensnahe Sprache mit Witz und Charme und einer gehörigen Portion Humor, wenn auch gelegentlich von etwas derber Art. Treffsicherheit und Realitätsnähe, aber auch Empfindsamkeit spielen eine große Rolle.

Sprichwörter, Redensarten und Sprachbilder dokumentieren nicht zuletzt, wie spielerisch und bedeutungsschöpferisch das Rheinische mit den Begriffen und Aussagen umgeht.

Die Bedeutung, der Sinngehalt eines Sprichwortes oder einer Redensart kann zumeist nicht aus ihren einzelnen Wörtern erschlossen werden, denn das heutige Sprachbild gibt den ursprünglichen Sinngehalt oft nicht mehr wieder. Die Bedeutung hat sich häufig aus dem originalen Lebensbereich und damit vom eigentlichen Sprachbild entfernt.

Daher galt es, die ursprüngliche Bedeutung, die Herkunft der Sprichwörter und Redensarten zu ergründen, um ihren sprachlichen Hintergrund zu erkennen und damit ihre Bedeutungstiefe zu erhellen, in der sich das aussagekräftige Sprachbild, wenn auch übertragen, erhalten hat.

Bearbeitet und ergründet habe ich Sprichwörter und Redensarten, denen ich bei Unterhaltungen auf dem Markt, auf der Straße, in Brauereien und Gastwirtschaften begegnet bin und die zur Ausmalung einer Aussage sprachbildnerisch gebraucht wurden. Sie stammen aus vielen Gesprächen, die ich auf dem Carlsplatz und in den Stadtteilen Düsseldorfs, in den Städten Uerdingen, Neuss, Gladbach, Düren, Aachen, Frechen und Köln-Stadt geführt habe. Einige Wendungen haben auch Leser und Zuhörer mir ›zugesteckt‹, u. a. bei meinen Vortragsveranstaltungen.

Natürlich findet sich in der Literatur zum Düsseldorfer Rheinisch eine Fülle von Redensarten. Ich habe aber nur solche aufgenommen, die heute noch gebräuchlich sind, die von den Menschen verstanden werden oder werden wollen. Anders gesagt: Historische und nicht mehr aktiv gebräuchliche Wendungen habe ich beiseite gelassen. Auch auf Schimpf-, Spott- und Kosewörter habe ich, auch wenn sie sprachbildnerisch noch so ›schön‹ sein mögen, weitgehend verzichtet.

Da die vorgestellten Sprichwörter und Redensarten dem lebendigen Sprachgebrauch des Rheinischen entspringen, ist ihre Übertragung ins Standarddeutsche ohne Verfälschung zumeist nicht möglich, denn das Blumige, das Bildhafte, das Kraftvolle der Sprachbilder lässt sich nicht wortgenau übertragen. Dennoch sind viele mundartliche Redensarten eingedeutscht worden und in die Umgangssprache eingegangen. Hier zeigt sich, dass das Rheinische mit seinen Sprachschöpfungen die Aussagekraft des Standarddeutschen bereichert.

Die dargestellte Sprache ist das Düsseldorfer Rheinisch als Sprachvariante des rheinischen Dialekts. Das Düsseldorfer Rheinisch liegt zwischen zwei sprachlichen Übergangszonen, der von Professor Wendt definierten Uerdinger Linie im Norden und der Benrather Linie im Süden. Diese Linien stellen aber keine Grenzen dar, sondern sind vielmehr tatsächlich Übergangszonen, im Norden zum Niederrhein und im Süden zum Kölnisch-Ripuarischen.

Die Erläuterungen und Bedeutungshinweise kamen von Mundartkennern und -sprechern und stammen nicht zuletzt von mir als originalem Düsseldorfer selbst. Umfangreiches Recherchieren ging voraus. Für notwendige Etymologien war die germanistische lexikalische Fachliteratur sehr hilfreich. Bei Friedrich Kluge, im Duden, im Rheinischen Wörterbuch und nicht zuletzt bei Jacob und Wilhelm Grimm fanden sich wertvolle Angaben. Solche zum Jiddischen entstammen der Promotionsarbeit von Heidi Stern 1997/2000.

All die freudenvolle Arbeit hat sich gelohnt. Sie dient unserer farbenfrohen und bildhaften Sprache mit ihrem grundtiefen Gedankenreichtum und führt zu der Erkenntnis:

Die rheinische Sprache ist kein sprachliches ›Jedöns‹!

Heinrich ›Drikkes‹ Spohr
La Grande Motte, Languedoc im Herbst 2019

Zur Anordnung und Präsentationsweise

Die Sprichwörter und Redensarten stehen in alphabetischer Reihenfolge, wobei das Hauptbedeutungswort maßgebend ist. Sie werden in Sätzen, Ausrufen und als Einzelwörter präsentiert und hinsichtlich ihrer Bedeutung (Semantik) erläutert. Für die Bedeutungserhellung spielt die Wortherkunft (Etymologie) eine besondere Rolle. Sie vertieft den Sinngehalt der Sprichwörter und Redensarten, wo er sich nicht auf den ersten Blick erschließt.

Die Sprachwurzeln der dargestellten Wörter in den Sprichwörtern und Redensarten reichen ins Althochdeutsche, Mittelhochdeutsche, Niederdeutsche, Jiddische, Rotwelsche, Lateinische und Französische. Diese Wurzeln werden in dieser Sammlung angegeben.

Die alphabetisch angeordneten rheinischen Ausdrücke sind **gerade und fett** gesetzt. Fremdsprachliche Begriffe sowie rheinische Wendungen im Text stehen *kursiv*, ebenso wie Hervorhebungen.

Quellen, aus denen geschöpft wurde, und weiterführende Hinweise sind im Text in Klammern angegeben.

Rheinische

Sprichwörter & Redensarten

Dat ess dat **A** on O.

Diese Kurzformel bedeutet, dass es sich bei etwas um das Wesentliche einer Sache handelt. Statt A und O müsste man eher sagen »Alpha und Omega«, denn diese beiden Buchstaben stehen am Anfang bzw. am Ende des griechischen Alphabets. Diese Redewendung zeigt, wie der Rheinländer gern große, weitschweifende Zusammenhänge kurz und bündig ausdrückt.

A sare heeßt och B sare.

Wer A sagt, muss auch B sagen. Was man anfängt, muss man auch zu Ende bringen. Das gilt auch bei unliebsamen Folgen.

Ne **Aal** kannste nit packe.

Einen listigen, durchtriebenen Menschen kann man nicht zu packen kriegen genau wie im Rheinischen *ne Aal*, der einem immer entgleitet. *Dr Aal* steht hier für den durchtriebenen Kerl.

met eenem dr **Aap** mahke

Mit jemandem närrisch umgehen, ihn nicht für voll nehmen. *Dr Aap*, der Affe, gibt für diese Redewendung das Sprachbild ab – er gilt als närrisch.

Do bess ne **Aapekopp**.

Du bist verrückt, nicht ganz normal. Auch hier muss der Affe sprachbildlich herhalten. Die Redewendung richtet sich beleidigend an jemanden, der nichts im Kopf hat.

met **Ach** on Krach

Dieser Ausruf des Schmerzes und der Verwunderung ist schon seit Urzeiten unverändert üblich und meint: mit knapper Not, mit letzter Kraft, soeben noch, mit großer Mühe. Eine solche sprachliche Verdoppelung, die der Ausmalung und Intensivierung einer Aussage dient, gibt es im Rheinischen häufig: *Knall on Fall, met Sack on Pack, met Kengk on Keejel, domm jebore, domm jestorve.*

sech vom **Acker** mahke

Sich entfernen, weggehen, verschwinden, abhauen: Das sind die mehr oder weniger synonymen Bedeutungen für die bildhafte Wendung, die aus dem Ackerbau stammt. Wenn man den Acker bestellt hat, läuft man nicht mehr darüber; man macht sich also davon. Und wenn doch einer darüberläuft, dann jagt man ihn vom Acker weg. Dem umgangssprachlichen *Hau ab!* entspricht das mundartliche *Mach dech vom Acker! Mach dech fott!*

Ahbiede

siehe: Leever ne dicke BUCK vom Suffe als wie ne Puckel vom Ahbiede. (→ S. 32)

Hä ess e **Ahbiederdenkmol.**

Der hier angesprochene Arbeiter arbeitet nicht gern. Er steht herum, womöglich auf den Stiel seiner Schaufel gestützt, und gibt mit seiner Haltung das Bild eines Denkmals ab.

Wä nit **ahbiedt**, soll och nit esse.

Die lehrhafte Aufforderung unterstreicht, dass nur der, der arbeitet, Lohn, also etwas zu essen verdient.

För nix kammer sech eso quäle als wie för de **Ahbiet**.

Für nichts kann man sich so quälen wie mit Arbeit. Die Wendung steht scherzhaft für: Man soll nicht mehr arbeiten, als man kann. Zu viel arbeiten macht krank.

Ahbiet brengt Brot, Fuulenze Not.

Das aussagekräftige Sprichwort steht für sich: Arbeit bringt Essen, Faulenzen nicht. Das mittelhochdeutsche *vūlenzen* (faulig riechen) zeigt die ursprüngliche Bedeutung des trägen Nichtstuns der Faulenzer, das nur Not bringt (siehe Kluge Etym. WB S. 280; Spohr Affekat S. 62).

Met **Ahbiet** jeht dat stärksde Pähd kapott.

Die Zusammensetzung »Arbeit und Pferd« in diesem Sprachbild unterstreicht, dass Arbeit ungesund ist. Auch die stärksten Pferde gehen daran zugrunde. Von (zu viel) Arbeit sollte man sich fernhalten. Das entspricht der Haltung der Rheinländer, nichts zu übertreiben.

Hä wullackt wie e **Ahbietsdeer**.

Er arbeitet wie ein Wilder. Der Ausdruck *Ahbietsdeer* kommt aus der Forst- und Landwirtschaft. Gemeint ist hier die Art und Weise, wie einer arbeitet, nämlich wie ein Arbeitspferd – *wie e Ahbietspähd*.

Ähpele

siehe: De kleensde BUERE hant de jröttsde Ähpele. (→ S. 34)

Do häss se nit **all**. / Do hässe nit all.

Du bist nicht bei Sinnen. Du hast nicht alle Deine Sinne *(se)* beieinander. Mit dieser Redewendung wird festgestellt, dass jemand irrig gehandelt hat, also nicht bei Verstand ist. Dieser Bedeutung entspricht auch die niederdeutsche Wendung *Hä ess bekloppt*, die sich ohne Lautverschiebung im Standarddeutschen erhalten hat: Er ist bekloppt.

Dat ess **äwer** allerhangk.

Der schon im Mittelhochdeutschen gebräuchliche Ausdruck *aller hande* bedeutete ursprünglich »von allen Arten/Seiten« (siehe Kluge Etym. WB S. 32). »Hand« steht für die Seite. Unsere rheinische Version meint: Das ist aber erstaunlich.

dr **Aldewieversommer**

Beim *Aldewieversommer* handelt es sich nicht um den Sommer der alten Weiber. Vielmehr ist der Spätsommer der Weiber gemeint, wobei *de Wiever* die unverheirateten Frauen sind. Korrekt müsste man sagen: *dr Wiever Altsommer.* Das Wort *alt* heißt sprachgeschichtlich »spät« (s. Duden Herk. S. 113).

Hüt Ovend wähd ech nit **alt**.

Diese Redewendung spielt nicht auf das Altwerden im heutigen Sinn an: »Ich bin nicht alt« vs. »heute werde ich nicht alt«. Vielmehr versteckt sich in dem Wort *alt* die althergebrachte Bedeutung »spät«. Demgemäß lautet die Übersetzung: Ich bleibe heut Abend nicht lange. Es wird bei mir nicht spät.

Dat ess eso secher, (als) wie et **Amen** en de Kerk.

Das ist so sicher wie das Amen in der Kirche. Die Sache ist hundertprozentig sicher.

Wat mr nit kann **ändere**, dat moss mr losse schlendere.

Was man nicht ändern kann, das muss man laufen lassen. Dieses Sprichwort reflektiert die rheinische Mentalität, sich in sein Schicksal einfinden zu müssen; weitere Wendungen dazu: *Et kütt, wie et kütt. – So esset on so blievt et. – Han Spass en de Freud.*

ärm wie en Kerkemuus

Das leicht verständliche Sprachbild bezieht sich auf die Armut der Kirchenmaus: Mäuse finden in Kirchen nicht viel zu fressen, weil es dort keine Speisekammern gibt. Auf den Menschen übertragen ist damit gemeint: sehr arm sein.

wat ussem **Ärmel** schöddele

In früherer Zeit trug man aufgebauschte Ärmel, in denen man etwas verstecken konnte. Das darin Versteckte konnte man bei Bedarf *ussem Ärmel schöddele,* aus dem Ärmel schütteln. Und das taten nicht nur Zauberer. Das Sprachbild ist in der Mundart sehr präsent.

Dat ess ene **Angshaas.**

Er hat immer Angst. Er hat keinen Mut. *Ne Angshaas* ist eigentlich ein kleiner ängstlicher Junge, der schnell wegläuft, wie ein Hase. Es kann aber auch ein Feigling sein.

Antwohd

siehe: Wä vell FRÖCHT, kritt och vell Antwohd. (→ S. 53)

Dat kannste för'n **Appel** on Ei kreeje.

Das gibt es ganz billig, spottbillig. Das kannst Du fast geschenkt kriegen. Diese bildhafte Wendung, die auf die Erntezeit anspielt, ist im Rheinischen sehr beliebt (siehe Duden Herk. S. 124).

ärjere

siehe: de JÄHL färv op dr Liev ärjere (→ S. 65)

Nit **ärjere**, bloß wondere!

Diese Aufforderung reflektiert die typisch rheinische Art, zu beschwichtigen und die Dinge nicht so ernst zu sehen: nicht ärgern, allenfalls wundern.

e **ärm** Deer

Gemeint ist mit diesem Sprachbild nicht etwa ein armes Tier als vielmehr eine Person, die unglücklich, vom Schicksal geschlagen oder besonders traurig ist. Gerne benutzt der Rheinländer Vergleiche aus der Tierwelt zur Charakterisierung menschlicher Eigenschaften, vgl. *dönn wie en marer Hipp.*

Do moss mr ne lange **Ärm** han.

Die bildhafte Redewendung hat nur indirekt etwas mit einem langen Arm zu tun, denn übertragen bedeutet sie, dass man viel Ausdauer haben muss. Sicherlich: Der Arm steht auch für die Reichweite einer Person. Doch hier geht es um die geistige oder gefühlsmäßige Ausdauer, die einer haben muss.

Och dr **Äsel** stolpert bloß eemol öwer drselve Steen.

Auch der Esel stolpert nur einmal über denselben Stein. Wenn solches schon der Esel nur einmal tut, dann tut es der Mensch erst recht nicht ein zweites Mal. Es gilt also aufzupassen.

Hä sächt sech sinne eejene **Ast** af.

In dem plastischen Sprachbild zerstört jemand seinen eigenen Vorteil, seine Lebensgrundlage. Der Rheinländer weiß, wovon er spricht, wenn es um den Ast geht, auf dem er sitzt. Er käme nie auf die Idee, daran zu sägen. Das tun nur andere.

B

Dat Kengk ess e **Babaditzke**.
Dat Kengk ess noch e Babaditzke.
Dat Kengk ess doch ki Babaditzke mieh.

E Babaditzke ist ein Kleinkind, das noch nicht ordentlich sprechen kann, worauf der Wortteil *Baba-* lautmalerisch hinweist. Der Wortteil *-ditzke* mit dem Diminutiv *-ke* bezeichnet allgemein etwas Kleines, in unserem Fall: ein Kind. Die Düsseldorfer Kinder heißen: *de Düsselditzkes*. Die kleinen Fische, die sie in der Düssel fangen, sind *de Stachelditzkes*.

Ech verstonn bloß **Bahnhoff**.

Die Bedeutung dieses Sprachbildes liegt in der Tat im Bahnhof. Wenn ich etwas nicht richtig hören kann, verstehe ich nicht richtig. Offenbar versteht man in der Bahnhofshalle oder auf dem Bahnsteig aus dem Lautsprecher gerade mal die Ansage mit dem Zielbahnhof, sonst aber bei dem Halllärm nichts.

Do bess mech ene **Bähtes**!

Der bildhafte Ausruf, auf den Vornamen *Bähtes* bezogen, drückt ein Erstaunen über etwas aus, das jemand angestellt hat: Da hast Du aber was angestellt! Nun sieh zu, wie Du das wieder hinkriegst! *Bähtes* ist die rheinische Form der Vornamen Lambert, Engelbert, Albert etc.

Hä ess ene fiese **Banaus**.

Er ist ein unsympathischer, langweiliger Banause. *Dr Banaus* wurde im 18. Jh. aus dem griechischen *bánausos* entlehnt und bezeichnete ursprünglich den Handwerker, mit der Nebenbedeutung Spießbürger (siehe Kluge Etym. WB S. 87). Heute ist damit jemand gemeint, der kein Verständnis für Kultur und Kunst hat. Das Adjektiv *fies* ist ein im 17. Jh. aus der Mundart ins Standarddeutsche übernommenes Wort, das für alles Verwendung findet, was unschön ist.

Hä fällt öwer de eeje **Been**.

Er ist ungelenkig, unbeholfen, tollpatschig, ungeschickt. Er steht sich selbst im Weg. Beim Gehen sind ihm seine Beine im Weg. Das sind die übertragenen Bedeutungen für den originalen Sinn: Er fällt über seine eigenen Beine. Er steht sich bei seinen Entscheidungen geistig selbst im Weg.

Däm send de **Been** en dr Liev jerotscht.

Er hat sehr kurze Beine, so kurz, als wären sie ihm in den Leib gewachsen. Das Sprachbild ist eine wertfreie, gegebenenfalls eine bewundernde Feststellung, dass jemand kurze Beine hat. Gemeint ist, dass derjenige mit kurzen Beinen schnell gehen kann, bzw. im übertragen Sinn, dass er Vorteile hat, da er z. B. schnell handeln kann.

Op een **Been** kammer nit stonn.

Diese typisch rheinische Feststellung besagt, dass man es, wenn man mit einem Freund in der Wirtschaft ist, nicht bei einem Glas Bier oder einem Schabau belässt, nicht belassen kann: Man kann ja auch nicht auf einem Bein stehen.

Häste et ielech? Dann pack de **Been** ongerm Ärm. Et deht secher nix nötze, äwer et mäkt rohech.

Wer es eilig hat, nimmt die Beine unter den Arm. Es nützt zwar nichts, aber es beruhigt. Die Beine nimmt im Geiste der unter den Arm, der es sehr eilig hat. Die Wendung bedeutet auch: schnell weglaufen, damit man nach einem Streich nicht erkannt wird. Es gibt auch die Variante: *Pack dinn Been en de Hangk* – Lauf schnell weg! Wörtlich: Nimm Deine Beine in die Hand!

Ech kann bei däm ki **Been** (mieh) op de Ähd krieje.

Ich hatte bei ihm keinen Erfolg mehr. Ich konnte bei ihm keinen Zug mehr machen. Wenn der Rheinländer bildlich kein Bein mehr auf die Erde bekommt, *op de Ähd kritt*, dann ist mit ihm nichts mehr los; dann kann er bei seinem Gegenüber nichts (mehr) erreichen.

vom **Behalde** han

siehe: Mer hant et nit vom JÄVE (Usjäve). Mer hant et vom Behalde. (→ S. 66)

Dat moss **bejosse** wähde.

Darauf muss man einen trinken. Im Rheinland findet man immer einen Grund, um mit Freunden einen zu trinken: *Kengerdöf* (Kindstaufe), *Beähdejong* (Beerdigung), *Kermess* (Kirmes), *Jebohtsdaach* (Geburtstag), *Hochziet* (Hochzeit), *Hierot* (Heirat), *Jubeläom* (Jubiläum), oder wenn man einen Freund trifft. Dann ist die nächste Brauerei nicht weit, *öm för eene drof ze donn*, um einen Schluck zu nehmen, um das Treffen zu begießen. Die Tageszeit spielt dabei keine Rolle.

Hä hät mech dr janze Daach lang **belämmert**.

Das volksetymologisch irrtümlich auf »Lamm« bezogene Sprachbild, heißt: Er hat ununterbrochen auf mich eingeredet. Er hat mich stundenlang bequatscht und mich in meiner Entscheidung behindert. Die heutige Schreibung mit »ä« berücksichtigt nicht die originale Bedeutung des aus dem Niederdeutschen stammenden Ursprungsworts: *belemmern* = hindern, hemmen, lahmlegen (siehe Kluge Etym. WB S. 108).

von de **Beldfläch** verschwende

Diese relativ moderne Redewendung besagt, dass jemand schnell weggeht. Die Bildfläche ist die Kinoleinwand bzw. der Bildschirm des Fernsehgeräts, wo die Bilder schnell wechseln. Übertragen heißt der Ausdruck also, dass jemand schnell aus dem Sichtfeld verschwindet.

Et rähnt **Bendfäde.**

Es regnet sehr stark, in Strömen. Im Rheinischen beschreiben *de Bendfäde,* also die »Bindfäden«, den Starkregen bildlich, im Standarddeutschen die Ströme.

Die Ahl ess ne **Bessem.**

Der sehr prägnante Ausdruck tituliert eine (alte) Frau, die auf Standarddeutsch einen Besen gefressen hat, wörtlich übertragen: ein Besen ist. Mit einer solchen Person ist nicht gut umgehen, ist nicht gut Kirschen essen, auf Rheinisch: *ess nit joot Kehsche esse.*

Däm sinn Frau, dat ess ene **Bessem.**

Seine Frau ist eine strenge Hausfrau. Bei der hat er nichts zu lachen. Sie hat, um im Bild zu bleiben, immer den Besen in der Hand (siehe die vorige Redewendung).

Ne neue **Bessem** deht joot fäje.

Das Sprachbild beschreibt metaphorisch eine Person, die bei ihrer neuen Aufgabe besonderen Eifer entwickelt, um zu beeindrucken, so wie ein neuer Besen besonders sauber kehren, fegen kann.

Wä de Musick hät **bestellt**, moss och jrad stonn för et Jeld.

Wer die Musik bestellt hat, muss sie auch bezahlen. Der Begriff *de Musick* steht für die Sache, auch für die Veranstaltung, die einer organisiert hat, ohne sich zunächst um die Bezahlung zu kümmern. Er muss auch dafür geradestehen, also dafür zahlen. Nichts bleibt unbezahlt.

Mach Dech em **Bett**! Söns fiert Di Föttche Kermess.

Ab ins Bett! Sonst kriegst Du viel Freud. Die Androhung der Freude unterstreicht die Aufforderung an das Kind, jetzt endlich ins Bett zu gehen. Natürlich ist mit Freude die zu erwartende Strafe gemeint. Der Rheinländer sagt die Dinge lieber verbal positiv als streng.

Dat ess nit mi **Bier**!

Fernab vom Bier bedeutet dieses Wortbild, dass einen die Sache nichts angeht, dass man damit nichts zu tun hat. Übrigens: Diese Redewendung verwendet weder ein Düsseldorfer, für den Bier erst dann Bier ist, wenn es sich um Alt handelt, noch ein Kölner, für den ein Glas Bier ein Kölsch ist, sondern allenfalls ein Zugereister, der sich in Mundart versucht.

Leever ne **Bierbuck** vom Suffe

siehe: Leever ne dicke BUCK vom Suffe als wie ne Puckel vom Ahbiede. (→ S. 26)

eene henger de **Bind** jeeße / kippe / deue / schödde

De Bind ist die Krawatte, der Schlips, die Halsbinde der Männer. Einen Schnaps, einen Korn, einen Kurzen »trinkt« der Rheinländer nicht; er gießt, schüttet ihn bildhaft beschönigend hinter die Krawatte. Lasst uns einen Schnaps trinken. = *Lommer ens eene henger de Bind deue*. Schließlich ist der Rheinländer ja kein Trinker. Er trinkt ja nur *eene*!

blank sen

Wer kein Geld mehr hat, dessen Geldbeutel ist leer, so dass man den weißen Grund sieht. Er ist im Rheinischen *blank*. Eigentlich meint *blank* weiß, glänzend, makellos; im übertragenen Sinn wird daraus: leer, mittellos.

Dat send röseje **Blare**.

Das sind liebenswerte Kinder. Das sind brave Kinder. Den Ausdruck *rösech* gab es schon im Mittelhochdeutschen als *rôsic* – »wie eine Rose« (siehe Spohr Affekat S. 192).

blau mahke

Das farbige Sprachbild hat nur indirekt etwas mit der Farbe Blau zu tun. Es bedeutet: nicht arbeiten, frei haben. Die Wendung entstammt dem Färberhandwerk. Die Färber mussten die Färbelauge mit Urin anreichern, um den erforderlichen blauen Farbton zu erhalten. Damit genug Urin zur Verfügung stand, durften die Färber viel Alkohol trinken. Das hatte zur Folge, dass sie am nächsten Tag nicht mehr ordentlich arbeiten konnten und *blau*, also frei bekamen. Der freie Tag nach dem Färben heißt seitdem: *dr blaue Monndaach*.

ne **Blaumann**

Ursprünglich ist *ne Blaumann* der Handwerker in persona: Seine blaue Arbeitskleidung hat die Bezeichnung für den Handwerker selbst abgegeben. Die Benennung wird heute im Deutschen und im Rheinischen gleichlautend verwendet.

bletzeblank

Dr Boddem ess bletzeblank heißt: der Boden ist spiegelblank. Wenn der Boden so gut geputzt ist, dass er glänzt wie ein Spiegel, dass sich das Licht in ihm spiegeln kann, dann ist er blitzeblank. Der Ausdruck ist auch im Standarddeutschen gebräuchlich.

Doof **blievt** doof. Do helpe och kinn Pille. Selvs Aspirin deht (nötz) nix.

Doof bleibt doof. Da helfen keine Pillen. Auch Aspirin versagt. Dummheit kann man nicht kurieren, auch nicht mit Medizin, hier »Aspirin«. Mit dem Ausdruck wird auf jemanden angespielt, der ein hoffnungsloser Fall ist, dem man ob seiner mangelnden Einsicht nicht helfen kann.

So ess et on so **blievt** et, wenn et nit angers kütt.

So, wie es einmal ist, so bleibt es, es sei denn, es kommt anders. Das rheinische Sprachbild zeugt vom typischen rheinischen Charakter: Es ist einmal so, wie es ist. Und wenn es einmal anders kommt, dann ist es ebenso. Man findet sich damit ab und sieht die Dinge positiv.

Et **blievt** nix, wie et ess.

Nichts ist beständiger als die Veränderung. Alles verändert sich. Alles ist im Fluss. Die Wendung entspricht dem vorsokratischen *Panta rhei* = *Πάντα ῥεῖ* = »Alles fließt« (Heraklit, 550–480 v. Chr.). Die Redewendung ist die fünfte Regel des Rheinischen Grundgesetzes und bedeutet: Man soll offen für Neuerungen bleiben.

Hä **blöst** om letzde Loch.

Er hat Atemnot. Er kriegt keine Luft mehr. Diese Bedeutungen geben den bildhaften Sinn nur unvollkommen wieder, wörtlich: Er bläst auf dem letzten Loch. Der Gemeinte ist am Ende seiner Möglichkeiten wie der Flötist, der über dem höchsten auf seinem Instrument möglichen Ton keinen noch höheren mehr hervorbringen kann.

kinne **Bock** han

Wenn Jugendliche oft keine Lust auf etwas haben, dann *hant se kinne Bock drop*. Dieses Sprachbild wird abgeleitet von »geil wie ein Bock sein«. Wenn man also nicht geil wie ein Bock ist, dann hat man eben keinen Bock auf etwas. Der Ausdruck in dieser Form ist auch im umgangssprachlichen Deutsch gebräuchlich. *Kinne Bock han* meint auch spracherweiternd: keinen Fehler machen, keinen Fehlschluss tun (siehe auch Kluge Etym. WB S. 136 f.).

Noh eene **Bock** stenkt dat janze Dörp.

Auch wenn die Redewendung noch so bildhaft ist, so ist damit etwas anderes gemeint. Vom Verhalten einer (führenden) Person wird auf die gesamte Gruppe geschlossen. Das ist die typische

Form der Verallgemeinerung. Ein Bock genügt, und das ganze Dorf ist genauso.

ne dröje **Böckem** / ne dröje Böcking

Der geräucherte Hering, der »Bückling«, hieß schon im Mittelalter *bückinc*. Er wurde wegen seines starken Bockgeruchs so benannt. In Kombination mit *dröje* – trocken – ist im übertragenen Sinn jemand gemeint, der geistig trocken, unbeweglich, wenig mitteilsam ist (siehe Spohr Affekat S. 39 f.). Eine standarddeutsche Version des Ausdrucks ist nicht bekannt.

nit vell **Bohei** / nit sonne Bohei mahke

Aufhebens, Lärm, unnötiges Getue, leeres Gerede um eine Sache machen, das sind die Bedeutungen von *Bohei mahke* (siehe dazu: Spohr Affekat S. 25 f; Kluge Etym. WB S. 16 f.). Hier geht es darum, nicht so viele Umstände um eine Sache zu machen. Das Wort *Bohei* steht dem rheinischen Wort *Jedöns* bedeutungsmäßig nahe.

Met eene Schlach fällt kinne **Boom**.

Es bedarf zur Erledigung einer Sache, einer Aufgabe, immer einer gewissen Anstrengung, so wie ein Baum auch nicht mit einem Axtschlag gefällt werden kann. Der bildhafte Ausdruck beschreibt die mühevolle Arbeit bei der Holzfällung.

Hä hät bloß op'm **Bosch** jekloppt.

Er hat große Sprüche gemacht. Er hat den Wissenden vorgetäuscht. Es war aber nichts dahinter. Eigentlich ist *op'm Bosch kloppe* eine bildhafte Sprachwendung aus der Jägerei, wo man auf

Buschwerk klopft, um darin verstecktes Wild herauszutreiben. Wenn aber jemand im Rheinischen sprachlich *op'm Bosch kloppt*, dann merkt man schnell, dass derjenige nur *ne Spröcheklopper ess*, ein Sprücheklopfer. Eine weitere Bedeutung ist: Bei dem solltest Du mal auf den Busch hauen, um etwas zu erfahren; auf Rheinisch: *Bei däm sollste emol op dr Bosch kloppe. Dann wähdste wat wohr. Dann krisste wat erus.*

ne **Bremsklotz**

Dieser bildhafte Ausdruck hat nichts mit einem wirklichen Bremsklotz zu tun, sondern mit Essen. Gemeint ist die standarddeutsche Frikadelle, die der Rheinländer an der Biertheke zum Glas Bier, egal ob Alt oder Kölsch, auf die Hand erhält und im Stehen mit Mostert verzehrt. Der Ausdruck stammt noch aus der Zeit, als das Bier den Wirtschaften, die nicht selbst brauten, mit dem Pferdewagen angeliefert wurde, als der Kutscher den Bremsklotz an die Räder legen musste: Nebenbei bekam er *ne Bremsklotz*, also eine kalte Frikadelle, vom Wirt *op de Hangk*.

Et **brennt** noch nit.

Es ist noch Zeit genug. Wir müssen uns noch nicht beeilen. Das ist der Bedeutungsrahmen für das schöne, wenn auch gefährliche Sprachbild. Hetze ist für den Rheinländer nie angesagt. Parallel dazu sagt man: *Et ess noch nit fönnef vör Zwöllef*, ein Ausdruck, den es als »Es ist noch nicht fünf vor zwölf« auch im Standarddeutschen gibt.

Bröckskes lache

Dieses sehr prägnante Sprachbild stellt beschönigend den unangenehmen Vorgang des Sich-Übergebens dar: Man gibt den Mageninhalt nicht einfach von sich, sondern lacht ihn in *Bröckskes* heraus. Es gibt diese Wendung auch mit dem besonderen Diminutiv: *Bröckelches lache. Bröckskes* sind kleine Brocken, wertlose Stücke.

Wat mr em **Buck** hät, bruch mr nimmieh zo esse.

Was man hat, das hat man. Die standarddeutsche Wendung ist weniger prägnant als die lebhafte mundartliche Fassung, der ein bildhafter Humor zu eigen ist: Was man im Bauch (im Magen) hat, braucht man nicht mehr zu essen. Das kann einem keiner mehr nehmen.

Leever ne dicke **Buck** vom Suffe als wie ne Puckel vom Ahbiede.

Lieber das Leben genießen als vom Arbeiten krank werden. Ein dicker Bauch vom Trinken ist erträglicher als ein Buckel vom Arbeiten. Das Sprichwort spiegelt humorvoll die praktische Lebenseinstellung des Rheinländers wider.

Die Frau hät de **Bucks** aan und Hoor op de Zäng.

Dieses Bild beschreibt sowohl die Hausfrau (Ehefrau) als auch ihre Haushaltsführung. Früher trugen die Frauen keine Hosen, *kinn Buckse*. Das war den Männern vorbehalten. Wenn sie aber, bildhaft gesprochen, Hosen trugen, dann waren sie männergleich. *De Hoor op de Zäng*, die Haare auf den Zähnen, stehen für die Annahme, dass starke Behaarung als Zeichen von Mannesstärke und Durchsetzungsvermögen gilt, besonders wenn eine solche Behaarung bildhaft den Zähnen einer Frau zugesprochen wird. Bei diesen Frauen – *met de Bucks aan* oder *met Hoor op de Zäng* – haben Männer nichts mehr zu sagen.

Däm jeht de **Bucks** met Jrondies.

Grundeis in der Hose verweist etymologisch auf das Krachen, Rumoren des Eises auf Seen und Flüssen bei einsetzendem Tauwetter (siehe Duden Herk. S. 356). Das Rumoren des Bodeneises wird übertragen auf das Rumoren im Gedärm, das einsetzt, wenn jemand wegen einer zu erwartenden Strafe Angst hat. Diese Angst sitzt ihm dann im Grund der Hose. Der bildhafte Ausdruck bedeutet demnach: Er hat große Angst.

sech dr **Büdel** voll mahke

Mit diesem Sprachbild ist abwertend meint, dass sich jemand die Taschen mit Geld füllt, und dies nicht unbedingt auf lautere Weise. Demgemäß heißt es: *Hä hät sech dr Büdel voll jemaht.* – Er ist auf nicht ganz ehrlichem Wege zu Vermögen gekommen. *Dr Büdel* ist der Beutel, die Tasche, auch der Geldbeutel. Im köln-ripuarischen Raum wird daraus *dr Büggel.*

Hä hät emmer de Hangk op'm **Büdel**.

Er rückt nichts raus. Er hält immer den Geldbeutel fest zu. Von dem ist nicht zu haben. Er ist geizig. Diese Bedeutungsbeispiele umreißen das rheinische Sprachbild von der Hand auf dem Beutel, *met de Hangk op'm Büdel.*

Wä ne **Buer** bedröje well, moss fröh opstonn.

Bauern sind schlau. Die kann man nicht betrügen. Wenn man es aber dennoch versuchen will, muss man früh aufstehen. Der Sinn ist: Wenn man seine Ware auf dem Markt verkaufen will, muss man sehr früh da sein. Der Erste hat immer Erfolg.

Wat dr **Buer** nit kennt, dat frisst hä nit.

Was der Bauer nicht kennt, das isst (*frisst*) er nicht. Das Sprichwort ist in sich aussagekräftig. Nur was einem bekannt ist, isst man. In der übertragenen Bedeutung heißt das: Was man kennt, das tut man.

De kleensde **Buere** hant de jröttsde Ähpele.

Diese sprichwörtliche Redewendung gibt es auch im Standarddeutschen: Die kleinsten Bauern haben die dicksten Kartoffeln. Natürlich sind damit nicht die Hammer Bauern gemeint, denn die bauen bekannterweise *Kappes*, also Kohl, an. Übrigens: de Ähpele sind nicht zu verwechseln mit *de Äppele* – die Äpfel. *Ähpele* mit dem für ein »r« stehenden Dehnungs-h sind zurückzuführen auf *Ärpele*, also Erdäpfel. Solche findet man auch in dem Gericht *Hemmel on Ähd* (Himmel und Erde).

Kömmer Dech nit öm anger Lütt ehr **Bunne**.

Kümmere Dich nicht um ungelegte Eier. Was in der mundartlichen Wendung *de Bunne*, also »die Bohnen« sind, sind im standarddeutschen Äquivalent die ungelegten Eier. Gemeint sind in beiden Fällen die Dinge, die nicht spruchreif sind und die anderen Leuten (*Lütt*) gehören. Um die soll man sich nicht kümmern.

Hä ess so doof wie **Bunnestrüh.**

Sein IQ ist minimal. Das bedeutet das Sprachbild mit dem Bohnenstroh, in dem nichts mehr drin ist wie im Kopf eines Doofen. Das rheinische Wort *doof* bedeutet eigentlich: taub. Taube Menschen galten als geistig zurückgeblieben. Das Sprachbild ist heute auch umgangssprachlich gebräuchlich.

C

Wellste wat wesse? Jangk op'm **Carlsplatz**!

Wer was erfahren will, geht auf den Carlsplatz in Düsseldorf. Dort ist immer Markt. Und auf dem Markt trifft man jeden. Dort wird nicht nur eingekauft. Dort spricht man miteinander. Dort kann man was erfahren.
Übrigens: Die Schreibweise des Marktes Carlsplatz mit C geht auf die Anregung des Autors zurück, den Platz wieder so zu schreiben, wie der Namensgeber Kurfürst Carl Theodor sich schrieb. Damit wurde die von den Preußen stammende Schreibweise mit K wieder rückgängig gemacht. Seitdem werden auch die Carlstadt und das Carlstor wieder mit C geschrieben.

D

em **Daachlohn** ahbiede

Im Tagelohn, im Akkord arbeiten. Dieser Ausdruck wird gern benutzt, wenn jemand wie verrückt arbeitet: Man sagt, *dat hä wöhlt wie ne Doll*, dass er wühlt wie ein Wilder, weil er im Akkord arbeitet.

op sinn/dinn/minn alde **Daare**

In dieser Redewendung geht es nicht um das Alter der Tage, sondern um das hohe, das reife Alter, das einer hat. *Dat ech dat noch op minn alde Daare erläve moss! Soll ech dat op minn alde Daare noch liere? – Enä!* Dass ich das in meinem Alter noch erleben muss! Soll ich das in meinem hohen Alter noch lernen? – Nein!

Dat ess ne **Dachkalledänzer.**

Der Traumtänzer oder Traumwandler, der des Nachts an der Dachrinne entlang läuft, ist dr *Dachkalledänzer*. De Dachkall ist auf Rheinisch die Dachrinne, abgeleitet vom lateinischen *canalis*. Das Sprachbild *dr Dachkalledänzer* ist auch übertragen geläufig. Jemand, der Hirngespinsten nachhängt oder erträumte Dinge erzählt, die er für wahr ausgibt, wird in der Mundart als *Dachkalledänzer* tituliert.

Streck dech noh de **Deck**, dann krisste och kinn kalde Föß.

Bleib bescheiden mit dem, was Du hast, dann erlebst Du auch kein blaues Wunder, dann kriegst Du keine kalten Füße. Das rheinische Sprichwort stellt bildhaft die Bescheidenheit heraus und verweist auf praktische Art auf die Zukunft.

Ech ben hüt **deck** dren.

Ich bin heute gut dran (siehe Spohr Affekat S. 34). Mir geht es heute (nach der Krankheit) gut. Vermutlich hängt diese Redewendung mit dem Kartenspiel zusammen: Wenn der Spieler noch alle Karten hat, ist er noch dick, hat noch viele Chancen.

Däm fällt de **Deck** op'm Kopp.

Er sitzt den ganzen Tag zu Hause und langweilt sich. Deshalb fällt ihm die Decke auf den Kopf. Gemeint ist natürlich die Zimmerdecke. *Ech halt et bei mich alleen nit us. Mech fällt de Deck op'm Kopp.* – Ich halte es in meiner Wohnung nicht mehr aus. Ich fühle mich eingeengt.

dr **Deckel** op de Nas han

Dieses Sprachbild meint: tot sein. Aber der Sargdeckel auf der Nase gibt bildlich mehr her. Hier spielt die Düsseldorfer Leichtigkeit ihre sprachliche Rolle. *Jezz hät hä dr Deckel op de Nas* heißt: Nun ist er gestorben. Jetzt kann ihm nichts mehr etwas anhaben.

Jedereen Pöttche fengt si **Deckelche**.

siehe: Jedereen PÖTTCHE fengt e Deckelche. (→ S. 122)

Deer

siehe: e ÄRM Deer (→ S. 20)

Wat mr selver **deht**, ess jedonn.

Von dem, das man selbst tut, weiß man, dass es getan, erledigt ist. Das Sprachbild zeigt, dass der Rheinländer weiß, dass nur das, was er selbst tut, auch getan ist. Man kann sich auf andere nicht verlassen.

Donn Dech kinne **Deu** aan!

Halt Dich nicht für mehr als Du bist! Sei nicht so arrogant! Spiel Dich nicht so auf! Das ist der Bedeutungsrahmen der Redewendung. *Deu* meint im Düsseldorfer Rheinisch die Tätigkeit des Drückens, Schiebens. Das Verb lautet *deue*. Dem Sprachbild entspricht in der Übertragung: Schieb Dich nicht in den Vordergrund.

Hä sprecht **Deutsch** met Knubbele.

Er spricht Deutsch mit Streifen, also inkorrekt. *Knubbele* sind Klumpen, Brocken, hier »Sprachbrocken«, die jemand ins Deutsche übernimmt. Das Wort ist typisch rheinisch und bezeichnet im Ursprung verdickte Gegenstände (siehe Duden Herk. S. 461).

ne glöhdeje **Deuvel**

Gemeint ist eine Person, die schlecht ist und Feuer sprüht wie der Teufel. Mit der sollte man sich nicht anlegen. Ihre Reden sind unerträglich kritisch und stellen nur das Negative heraus.

Dat Besde hölIt dr **Deuvel** emmer zoehsch, säht dr Buer, jester mi Pähd on hüt minn Frau.

Der Teufel holt sich immer das Beste zuerst. Für den Bauern ist natürlich das Pferd das Beste, dann erst kommt seine Frau. Die Aussage entspricht dem lustigen Naturell des Rheinländers.

Dr **Deuvel** soll mech hole!

Mit diesem Ausruf will man bekräftigen, dass eine Sache, die man angefangen hat, zum Erfolg führen muss, egal wie, egal, ob es dem Teufel passt oder nicht. Die volkssagenhafte Anrufung des Teufels ist typisch rheinisch.

dr **Deuvelsbrode**

Der Ausdruck bedeutet zwar Teufelsbraten. Wer so gerufen wird, ist aber ein schlimmer Kerl; bei ihm muss man aufpassen, dass man nicht hintertrieben wird. Er sieht zwar ordentlich aus, aber Achtung! In ihm steckt der Teufel. Für *Düvel* steht in dieser Wortbildung die klangvolle Intensivform *Deuvel*, wodurch die Besonderheit des Bildwortes hervorgehoben wird. Übrigens: Die Beschwörung des Teufels ist in vielen Volkssagen das Sprachmittel für die Ausschließlichkeit einer Aussage.

Dohsch

siehe: Dohsch han wie e PÄHD (→ S. 116)

Et jeht nix **öwer** ne rechtije Dohsch.

Das sagt sich der Rheinländer, wenn er richtig durstig ist und sich der Gang (mit Freunden) in die Brauerei lohnt. Großer Durst entschuldigt das Trinken. Es geht nichts über einen ordentlichen Durst. Es gibt den Brauereispruch: *Jedereene redt vom velle Drenke, doch keener redt vom jroode Dohsch.* – Jeder spricht vom vielen Trinken, doch keiner spricht vom großen Durst.

Hä ess ze **domm**, för met em Düvel ze danze.

Mit dem ist nichts los. Er ist unbeholfen, ungeschickt, zu dumm zum Tanzen! Er kann nichts ordentlich machen, noch nicht einmal mit dem Teufel tanzen. Er ist zu nichts zu gebrauchen.

Domme Lütt hant et miehschde Jlöck.

Dieser Wendung entspricht das standarddeutsche Sprachbild »Die dümmsten Bauern haben die dicksten Kartoffeln«. Wer nicht viel im Kopf hat, hat umso mehr Glück.

dönn wie en marer(e) Hipp

Wenn jemand sehr dünn und hager ist, dann vergleicht der Rheinländer ihn gern mit einer mageren Ziege. Tiere und deren Aussehen werden oft zur Verbildlichung menschlicher Eigenschaften herangezogen (siehe den Ausdruck *e ärm Deer* für eine unglückliche Person). *De Hipp* ist im Standarddeutschen die Ziege (siehe: Spohr Affekat S. 65). *Hä ess dönn wie en marer Hipp* heißt übertragen: An dem ist nichts dran. Er hat nichts zu bieten. Natürlich kann sich das auch auf ein Mädchen oder eine Frau beziehen. Die Dünnheit gibt auch der Begriff *dat Hippejestell* wieder.

Däm eene sinne **Dood**, däm angere si Brot.

Jeder verdient am Tod des anderen. Jeder ist des anderen Brot. Das unzweifelhafte Sprachbild stellt klar, dass selbst der Tod nicht ganz umsonst ist (siehe *Ömmesons ess dr Dood*). Das Beerdigungsinstitut und die Friedhofsverwaltung sind die Ersten, die vom Tod des anderen leben.

Jäje dr **Dood** ess ki Kruut jewahse.

Gegen vieles gibt es Heilmittel, nur nicht gegen den Tod, gegen den noch kein Kraut gewachsen ist. Da kann selbst der sonst lösungsbereite Rheinländer nichts unternehmen.

de **Dör**

siehe: Se hant mech de Dör/Pohz vör de NAS zojeknallt. (→ S. 109)

Dörp

siehe: Mr moss de KERK em Dörp losse. (→ S. 84)

Wenn **Dreck** Mess währd, well hä jefahre sin.

Mist muss weg, weil er stinkt. Der Bedeutungshintergrund dieses Sprichworts ist: Wer aus kleinen Verhältnissen zu etwas gekommen ist und groß geworden ist, schnappt leicht über. Er geht nicht mehr zu Fuß, sondern will gefahren werden.

Hä kann nit (noch nit emol) bes **drei** zälle.

Er ist einfältig, dumm, zu nichts zu gebrauchen; noch nicht einmal bis drei kann er zählen. Mit ihm kann man nicht sinnvoll zusammenarbeiten.

Drei ess en hilleje Zahl.

Wenn man in der Wirtschaft ist und Bier trinkt, dann darf man drei Glas trinken, denn drei ist eine heilige Zahl und daher nicht verboten. Diese beschönigende Redewendung besagt aber nicht, dass es nicht auch mehr sein darf. Die Dinge so pingelig genau zu nehmen, wäre unrheinisch.

Jede **Driss** ess angers.

Jede Sache, jeder Dreck, jeder Kot, jede ungereimte Angelegenheit ist anders. Das gilt auch für den Mist. Nichts gleicht dem anderen. Dieser starke bildhafte Ausdruck wird dann benutzt, wenn einem nichts Positives mehr einfällt (siehe dazu Spohr Affekat S. 39).

Bei **dänne** jeht et dronger on dröver.

Bei denen (zu Hause) ist alles in Unordnung. Bei ihnen herrscht ein heilloses Durcheinander. Bei ihnen muss man erst einmal aufräumen. Die große Unordnung wird betont durch die Gegenüberstellung gegensätzlicher Begriffe: »drunter und drüber«, *dronger on dröver.*

Do mösse mer eene **drop** drenke.

Die freundliche Aufforderung des lebenslustigen Rheinländers, alle freudigen Ereignisse zu begießen, kann man nicht abschlagen. Das ist mit dem Sprachbild gemeint. Es gibt immer etwas zu feiern.

Mr kann och us **Druve** Wing mahke.

Das sagte der Winzer auf dem Totenbett zu seinen Söhnen. Sicherlich kann man auch aus Trauben Wein machen. Das Sprachbild hat aber eine tiefergehende Bedeutung: Man kann auch mit Ehrlichkeit sein Leben meistern. Diese Hintergrundbedeutung kann sich über den Wein hinaus auch auf anderes beziehen.

de **Düsselditzkes**

Kleine Jungen und Mädchen im Alter bis zu etwa zehn Jahren nannte man früher *de Düsselditzkes*, vereinzelt nennt man sie noch heute so. Das sind vor allem die Kinder, die in Düsseldorf an der Düssel spielen. *En Ditzke*, verstärkt auch *e kleen Ditzke*, ist im Düsseldorf-Krefelder-Gladbacher Raum ein kleines Kind. Der Ursprung des Wortes *Ditzke* liegt wohl in der mittelalterlichen (ostpreußischen) kleinen Münze Dittchen. Das Wort *Ditz* als etwas Kleines steckt auch in der Düsseldorfer Karnevalssymbolfigur *Hoppeditz*.

doof on **dusselech**

Dat hät mech doof on dusselech jemaht heißt: Das hat mich an die Grenze des Erträglichen gebracht. Auch wenn jemand eine Sache immer wieder erklärt und der Zuhörer das nicht versteht oder nicht verstehen will, dann hat sich der Sprecher um seinen Geist gebracht und *sech doof on dusselech jeredt.*

ne ärme **Düvel**

Jemand, der bedauernswert, weil mittellos ist oder sich in einer unglücklichen, ausweglosen Situation befindet, wird beschönigend *ne ärme Düvel* geheißen.

Dr Düvel drießt am leevsde op ne jroote Hoope. / Dr Düvel kackt emmer op dr jröttsde Hoope.

Die Bedeutung der starken sprichwörtlichen Wendungen hat eigentlich mit einem Teufel nichts zu tun. Die Aussage ist: Wer schon viel (Besitz) hat, bekommt immer mehr dazu. Interessant, dass bei negativen Aussagen sprachlich oft der Teufel eine Rolle spielt.

Dr **Düvel** ess loss.

Was gibt es da? Da ist ja der Teufel los. Da gibt es ja Riesenkrach. Oft, wenn es große Unruhe, Aufregung, Riesenradau, Riesendurcheinander gibt, dann ist für den friedlichen Rheinländer der Teufel im Spiel. Das erklärt zwar nichts, ist aber einleuchtend. Parallel dazu gibt es die gleichbedeutende bildhafte Wendung: *Do ess jo de Höll loss!*

op **Düvel** komm erus

Man kann machen, was man will, in allem steckt der Teufel. Es ist unnütz, etwas mit allen Kräften zu tun. Immer kommt der Teufel heraus. Der weitere übertragene Bedeutungsrahmen des Teufelsausdrucks ist: aus Leibeskräften, so schnell wie möglich, egal wie. *Dat moss ech kreeje, op Düvel komm erus.* – Das muss ich erreichen, koste es, was es wolle. Beschwörungen mit Eigenschaften des Teufels sind in der Volksetymologie nicht selten.

Wat dr **Düvel** (emol) jefresse hät, dat speut hä selde wedder us.

Was der Teufel einmal gefressen hat, das spuckt er selten wieder aus. Die deutsche Übersetzung ist einfach zu trocken für das, was gemeint ist: Was bestimmte Leute einmal vereinnahmt haben, geben sie nicht mehr her. Der Rheinländer benutzt lieber das Wort *selde*, selten, als das kategorische *nit*, nicht, weil er irgendwo doch noch einen Ausweg sieht.

Hä ess nit bang vörm **Düvel** en de Höll.

Er hat vor niemandem Angst, noch nicht mal vor dem Teufel. Das Sprichwort wird gerne von Heranwachsenden verwendet.

Wenn mr vom **Düvel** redt, dann kütt hä. / Wemmer vom Düvel redt, dann kütte.

Wenn man vom Teufel spricht, ist er nicht weit. Dann kommt er. Das Sprachbild ist ein Ausruf, wenn jemand, von dem man gerade gesprochen hat, plötzlich, unerwarteterweise, erscheint.

E

Eemol ess keemol.

Diese Entschuldigungsformel setzt der Rheinländer gerne ein für einen kleinen, unwesentlichen Fehler, den man ignorieren kann. Einmal ist ebenso viel wie keinmal.

Eene jeht noch eren.

Für einen, für einen letzten Schnaps ist noch Platz im Magen. Dafür findet der Rheinländer immer eine sprachlich passende Ausrede: Einer passt noch rein.

Wenn de **Eldere** de Oore zomahke, dann jonnt se dänne Kenger op.

Die rheinische Redewendung besagt, dass Kinder erst nach dem Tod der Eltern merken, dass deren (ermahnendes) Reden sinnvoll war. Erst wenn die Eltern die Augen zumachen, dann gehen sie den Kindern auf. Dann erkennen die Kinder Wert und Sinn.

Mach doch do kinne **Elefant** drus!

Das sagt der Rheinländer, wenn man eine Sache nicht übertreiben soll. Die vordergründige Bedeutung ist: Mach aus der Mücke keinen Elefanten! Stell die Sache so dar, wie sie ist.

Däm ess de **Emalje** afjespronge.

Das sagt der Düsseldorfer über jemanden, der allmählich eine Glatze bekommt. Jetzt ist bei ihm der Lack, das Email ab. Die Nebenbedeutung ist: Jetzt wird er alt.

dat decke **End**

Dat decke End ist das Ende, das noch bevorsteht, das man noch nicht kennt. Es liegt noch im Dichten, Undurchdringlichen. Und damit sind wir schon im Althochdeutschen, wo der Wortursprung vermutet wird: *deck* = dicht.

Domet kannste **enpacke**.

Das sagte früher der Rheinländer dem Hausierer, *däm von Huus ze Huus*, wenn er keinen der Artikel aus dessen Bauchladen kaufen wollte. Heute, wo es keine Hausierer mehr gibt, hat die Redewendung die übertragene Bedeutung angenommen: Mit Deinen Reden kannst Du mich nicht überzeugen. Ich will davon nichts hören. Pack das wieder ein!

Ess beste platz, beste bahschs! Et ess Dech von Häzze jejönnt.

Iss, bis Du platzt, bis Du berstest. Es sei Dir von Herzen gegönnt. Iss so viel, wie Du Hunger hast! Es nimmt Dir keiner was weg. Das Sprachbild ist auch ohne weitere Erklärung aussagekräftig.

Wat nit ess, dat kann jo wähde.

Was nicht ist, das kann noch werden, passieren. Es geht in diesem Sprachbild darum, aufzupassen, was geschehen wird. Man soll die Zukunft immer im Auge haben. Man soll die Hoffnung nicht aufgeben. Es könnte ja etwas kommen, das man nicht erwartet hat.

Mr soll nit mieh esse, als wie mr met Jewalt erenpröffe kann.

Es gilt nur so viel zu essen, wie hineinpasst. Dieses schöne Sprachbild bedeutet auch: Lade Dir nicht mehr auf, als Du tragen kannst. Übernimm nie mehr Arbeit, als Du bewältigen kannst. Die niederrheinischen Verbformen *pröffe, erenpröffe* entsprechen den standarddeutschen Formen »pfropfen«, »hineinstopfen«. In diesen Sinnzusammenhang gehört auch die Redewendung, dass man nur so viel trinken soll, wie der eigene Magen vertragen kann: *Mr soll bloß so vell suffe, als wies sinne Mare kann verdrare.*

Selber **esse** mäkt satt.

Selbst essen sättigt. Dieses kurze Sprichwort versteht sich von selbst: Was man selbst schafft, davon hat man auch etwas.

Esse on Drenke halde dr Liev on de Seel zesamme.

Dieses lebensnahe Sprichwort entspricht dem Naturell des Rheinländers: immer das rechte Maß halten, damit das Leben lebenswert bleibt und Leib und Seele im Gleichgewicht bleiben.

Esse on drenke makhe jemötlech.

Essen und Trinken tragen zur Gemütlichkeit und zur guten Stimmung im Freundeskreis bei. Das ist eine wesentliche Grundlage des Lebensgefühls des Rheinländers.

Wie **esset** Dech? – Op zwee Been am besde.

Wie geht es Dir? – Am besten gut! Auf einem Bein kann man nicht gehen. Die Antwort auf die Frage unterstreicht bildhaft die Überflüssigkeit der Frage. Wie soll es mir schon gehen? Du siehst es doch: Ich stehe auf zwei Beinen, also geht es mir gut, bestens.

F

met de **Fahn** vörwäch

Vor einer Kampfgruppe, einer Kompanie, zog immer jemand mit der Fahne als Erkennungszeichen vorneweg. Der Ausdruck wird heute im übertragenen Sinn gebraucht: Flagge zeigen, zu seiner Meinung stehen. *Hä ess emmer met de Fahn vörwäch.* – Er ist immer mit seiner Meinung vorneweg.

e **Fass** opmahke

Das Gegenteil von *Zappestrich* ist das Sprachbild vom »Fass-Aufmachen«. Der Sinn ist: eine Feier begehen, ordentlich zechen. Dass dabei in den Biergegenden des Rheinlands gerne ein Fass aufgemacht wird, versteht sich von selbst. In Düsseldorf und am Niederrhein ist es ein Fass Alt, im Kölner Raum ein Fass Kölsch. Unabhängig davon wird der Ausdruck als Synonym für Feiern überhaupt gebraucht.

us de **Fassong** jonn

Aus der Fassung geraten, das heißt den Rahmen sprengen. Jemand, der körperlich stark und rund wird, geht also sprachlich aus der Fassung. Seine Kleider können den Körper nicht mehr einfassen, können dem Körper nur noch schwerlich die Fassung geben, die er braucht. Dieser Begriff *Fassong*, Fassung, hat nichts mit dem französischen *la façon* zu tun. Das bedeutet »Art und Weise« und lautet im Rheinischen: *de Fatzóng*.

Dat wor jester e **Fiasko.**

Das vom italienischen Theater herkommende Bild bedeutet, dass die Vorstellung gestern ein Reinfall war, keinen Erfolg hatte. Früher hängte man dem durchgefallenen Schauspieler eine leere Flasche (italienisch: *fiasco*) um, um ihn zu verspotten. Die heutige Bedeutung bezieht sich auf geschäftliche, politische und öffentliche Veranstaltungen oder Vorhaben, die in die Hose gehen.

dr **Fisselskrohm**

Fisselskrohm ist eine pingelige, knifflige Kleinigkeit, die man ungern erledigt, weil es dazu einer gewissen Fingerfertigkeit bedarf. Der Begriff wird zurückgeführt auf das rheinisch-mundartliche Wort *dr Fissel*, was soviel wie Faser oder dünner Faden heißt, den man ungern einfädelt. Dem Ausdruck »Lass mich mit dem Kleinkram in Ruhe!« entspricht im Rheinischen die Wendung: *Lott mech met sonne Fisselskrohm en Roh!* (Siehe auch Spohr Affekat S. 13.)

Fisternölles

Mit *Fisternölles* werden viele Bedeutungen verbunden. Einmal bezeichnet man damit einen Bastler oder Tüftler mit Fingerfertigkeit, der auch ein Trickser sein kann, ein anderes Mal einen Nörgler, der immer etwas zu bekritteln hat und deshalb auch als Kleinigkeitskrämer angesehen wird. Man kann auch mit jemandem ein besonderes, ein geheimes Verhältnis haben; und das ist dann eben *e Fisternöllche*, also eine kleine, heimliche Liebschaft (siehe Spohr Affekat S. 50 f.; siehe auch das Lemma *Mallörke*).

Besser en **Fleech** em Pott als wie jah ki Fleesch.

Besser eine Fliege im Topf als ein Essen ohne Fleisch. Das Sprichwort ist in sich einleuchtend. Statt *en Fleech* kann es auch *en Luus*, also eine Laus sein.

flöte jonn

Diese bildliche Redewendung heißt nicht etwa »gehend auf der Flöte spielen«, sondern bedeutet, dass etwas verloren geht, abhanden kommt, entzwei geht. Auch Bankrott gehen im geschäftlichen Sinn gehört in den Bedeutungsrahmen, wie diese Wendungen zeigen: *Dat Papeer ess mech flöte jejange.* – Die Papiere sind mir abhanden gekommen. *Hä ess met sinne Lade flöte jejange.* – Sein Laden ist bankrott. Ein sprachlicher Zusammenhang bei *flöte jonn* und *pleite jonn* mit dem Jiddischen ist nicht auszuschließen (siehe Stern WB Jidd. S. 161), zumal die Juden nach ihrer Migration aus West- und Südeuropa in den Städten des Rheinlands seit dem 11. Jh. wirtschaftlich eine Rolle gespielt haben.

Jo, **Flötekies!**

Dies ist ein Ausruf des Erstaunens über etwas Vergebliches und heißt: Denkst Du! Es ist vorbei! *Dr Flötekies* ist eigentlich der Weichkäse (Quark), mit Salz und Kümmel angemacht.

Fohze

siehe: Wä STENKE well, moss fohze könne. (→ S. 141)

Föß

siehe: Wat mr nit em KOPP hät, moss mr en de Föß han. (→ S. 92)

nix an de **Föß** han

Das Sprachbild bedeutet: nichts haben, kein Geld haben, arm sein. Wer früher keine Schuhe trug, weil er sich diese nicht leisten konnte, ging auf nackten Füßen. *Hä hät nix an de Föß.*

Wä wat an de **Föß** hät, ess nit foßkrank.

Wer im Geld schwimmt, hat genug davon. In früheren Zeiten trug nicht jeder Schuhe, eher dicke Socken. Wer Schuhe trug, hatte genug Geld, dass er sich welche leisten konnte. Schuhe verhinderten, dass man fußkrank wurde, sich die Füße wund lief.

Wä wat an de Föß hät, hät ki **Foßping**, kritt ki Foßping.

Die Bedeutung dieser Wendung liegt im übertragenen Sinn. Wer Geld hat, hat vorgesorgt (siehe das vorige Sprichwort). *Foßping* ist in der Grundbedeutung »das Fußweh«, wobei -ping sich vom lateinischen *poena*, Weh, Pein, Schmerz, ableitet.

en **Fott** an de Ähd

Jemand, der klein gewachsen ist, der mit dem Hintern fast bis an die Erde kommt, auf den passt das Sprachbild, das es auch im Diminutiv beschönigend gibt: *dat Föttche an de Ähd.*

Wat **fott** ess, ess fott.

Vergangen ist vergangen. Man soll dem Vergangenen nicht nachtrauern. Jammern bringt nichts. Es ist doch nicht mehr zu ändern. Die Redewendung ist die vierte Regel des Rheinischen Grundgesetzes. Sie beschreibt die typische Haltung des Rheinländers, der Zukunft zugewandt zu leben.

En **Frau** kann mieh ussem Huus drare, als wie ne Mann erin.

Dieses charakterisierende Sprachbild besagt, Frauen seien verschwenderisch. Was der Mann für den Haushalt verdient, gibt die Frau schneller aus, als es hereinkommt. Die Aussage ist allerdings nicht zu verallgemeinern; es gibt auch Beispiele für das Gegenteil: *Och dat Jejedeel ess wohr!*

Do moss en **Frau** lang för stricke.

Das Sprachbild geht zurück in die Zeit, als Frauen für einen geringen Lohn in Handarbeit strickten. Sie mussten lange stricken, bis sie genug für ihren Lebensunterhalt verdient hatten. Daraus erwächst der übertragene Sinn für die heute noch übliche Redewendung: Dafür muss man lange arbeiten. Der Preis dafür ist sehr hoch bemessen.

Freud

siehe: Wat SPASS an de Freud moss mr schon han! (→ S. 139)

Wä vell **fröcht**, kritt och vell Antwohd.

Das Sprichwort entspricht dem Standarddeutschen: Wer viel fragt, bekommt auch viel Antwort.

de **Frollütt**, de Fraumensche

siehe: de MANNSLÜTT (→ S. 102)

Ieser em **Füer**

siehe: noch e IESER em Füer han (→ S. 64)

Füer on Flamm sen

Wenn jemand für eine Sache hellauf begeistert ist, dann ist er dafür »Feuer und Flamme«. Die Redewendung entstammt der Schmiede. Als die Flamme in der Esse aus der Feuersglut aufstieg, war der Schmied erfreut und konnte das Eisen zum Glühen bringen. Übertragen steht das Sprachbild *Füer on Flamm* für die uneingeschränkte Begeisterung für eine Sache, für die Ausführung eines Vorhabens.

Hä ess (ärch) **fukackesch.**

Er ist nicht ganz echt. Er ist nicht ehrlich. Jemand, der sich selbst nicht leiden kann, ist *fukackesch*. Der vermutlich aus dem romanischen Sprachraum stammende Begriff bezeichnet eigentlich eine überreife Frucht, deren Fäulnis man von außen nicht sieht. Der äußere Schein trügt also. Auf eine Person bezogen, bedeutet *fukackesch* grantig, grundlos übel gelaunt (siehe Spohr Affekat S. 61).

Hä kann nit bes **fünnef** zähle.

Obwohl er fünf Finger hat, kann er nicht so weit zählen. Darum: *Hä ess doof*. Manche können noch nicht mal bis drei zählen. Das sind dann die ganz Dummen, *de janz Doove*.

Fuulenze

siehe: AHBIET brengt Brot, Fuulenze Not. (→ S. 17)

Ne **Fuulenzer** kann sinne eeje Schwetz nit rüche.

So wie Faulenzer Arbeit nicht ertragen können, können sie sich auch nicht selbst ertragen und daher auch sich selbst nicht riechen. Das ist der bildhafte Hintergrund der ausdrucksstarken Wendung, mit der im Rheinland gerne Nichtstuer, Trödler und Arbeitsscheue beschrieben werden.

Dat passt wie de **Fuuß** op'm Ooch.

Das passt wie die Faust auf das Auge, also: Das passt überhaupt nicht zusammen.

H

Hackepitter/Hackfleesch us eenem mahke

Das Sprachbild bedeutet, dass jemand übel zugerichtet wird oder bildlich *dörch dr Wolf jetrocke wähd,* also durch den Fleischwolf gedreht wird, weil er eine schlimme oder gegebenenfalls auch scherzhaft ironische Behauptung aufgestellt hat. Das Sprachbild stammt aus der Metzgerei, wo in der Tat aus Fleisch Hackfleisch, *Hackefleesch*, gemacht wird. Übrigens: *Hackepitter* oder *Hackfleesch* ist in den Altstadtbrauereien als Tatar mit rohem Ei, Pfeffer und Zwiebeln sehr beliebt.
Wenn jemand ordentlich verprügelt wurde, dann heißt das sprachlich: *Us däm hant se janz schön Hackepitter jemaht.*

ne **Halfjehang**

In dem Doppelwort stecken »halb« und »gehangen«. Bildhaft ist ein unordentlich, also nur halb angezogener Mensch gemeint, von dessen Äußerem gleichzeitig auf seinen nachlässigen, unordentlichen Charakter geschlossen wird. Er bringt nichts zustande, nichts Halbes und nichts Ganzes. *Halfjehang* bezeichnet auch eine dünne, hagere Person, der die Kleider um den Körper hängen (siehe Spohr Affekat S. 63).

Wat mr sech op dr **Hals** jelade hätt.

Was man sich zur Aufgabe gemacht hat; was man sich aufgeladen hat. Die Bedeutung der Redewendung hat ein wenig einen belastenden Beigeschmack. Was man sich da auf den Hals, gemeint ist übertragen die Schulter, geladen hat, belastet einen. Diese Last können auch unangenehme Dinge sein.

Hä kann dr **Hals** nit voll kreeje.

Er kann den Hals nicht voll kriegen. Die im Rheinischen wie im deutschen gebräuchliche Redewendung besagt, dass jemand mit dem, was er bekommen oder erreicht hat, nicht zufrieden ist. Er will immer mehr haben. Das althochdeutsche *hals* hat sich seit dem 8. Jh. (siehe Kluge Etym. WB S. 389) bis heute unverändert erhalten. Dass in der bildhaften Wendung das Essen, das durch den Hals in den Körper gelangt, eine Rolle spielt, unterstreicht die Funktion des Halses.

Hals- on Beenbroch!

Hier haben wir es mit einem Glückwunsch zum Geburtstag oder zum Neuen Jahr zu tun. Aber wieso wünscht man sich den Bruch von Hals und Bein? Das wäre doch ein Unglückswunsch. Nun: Der bildhafte Ausdruck stammt vom Jiddischen *haslókhe un bróche* und bedeutet das genaue Gegenteil des volksetymologisch umgedeuteten Begriffs, nämlich: Erfolg und Segen (siehe Stern WB Jidd. S. 64, 94). In jedem Fall ist der Wunsch gut gemeint.

Halt mech fess; söns mach ech mech onjlöcklech.

Reiz mich nicht, sonst weiß ich nicht, was ich tu, sonst mach ich mich unglücklich. Das Sprachbild beschreibt jemanden, der es nicht ertragen kann, wenn man ihn auf die Palme bringt. Er rastet dann unkontrolliert, ungewollt, aus.

eene an de **Hammelbeen** kreeje

Wenn der Schäfer auf der Rheinwiese seine Herde zusammentreibt, dann packt er die Hammel, die in die falsche Richtung ausscheren wollen, mit seinem Rundstab an den Hinterbeinen. Diese Quertreiber meint das Sprachbild, das sich heute auf Personen bezieht, die von ihren Vorgesetzten zurechtgewiesen werden. Beispiel: *Dr Baas hät em janz jehörech an de Hammelbeen jekritt.*

Däm kammer nix en de **Hangk** jäve.

Das Sprachbild ist ernster, als es verbal zu sein scheint: Er ist ungeschickt mit seinen Händen; er kann mit seinen Händen nichts anfangen; was er in die Hand nimmt, was man ihm in die Hand gibt, macht er kaputt. Im weitesten Sinn ist gemeint: Er taugt nichts.

sech en de **Hangk** lache

Sich ins Fäustchen lachen; heimlich aus Schadenfreude über jemanden lachen; derjenige, über den man lacht, soll es nicht merken; daher: hinter der vorgehaltenen Hand lachen.

Een **Hangk** wäscht de angere.

Die sprichwörtliche Redensart lässt sich schon beim römischen Dichter Lucius Annaeus Seneca (4 v. Chr. – 65 n. Chr.) nachweisen: *manus manum lavat.* Die heutige Bedeutung geht über das Händewaschen hinaus. Hilfst Du mir, so helf ich Dir. Ein zu leistender Dienst impliziert einen Gegendienst. Dass beim Helfen ein Gegendienst erwartet wird, ist im Rheinland üblich. Manche nennen das auch *Klöngel*, also das System, sich gegenseitig helfend Vorteile zu verschaffen. In der Verballhornung wurde aus der lateinischen Wendung *manus anum lavat.*

Mr ess nimmieh **Här** en sinn eeje Denge.

Man ist nicht mehr Herr im eigenen Haus. Die Verhältnisse haben sich geändert, sodass man über sich nicht mehr allein verfügen kann.

Wie dr **Här**, so et Jescherr.

Die sowohl im Rheinischen wie im Deutschen existierende sprichwörtliche Redensart bedeutet: die guten und/oder schlechten Eigenschaften eines Herrn, eines Vorgesetzten oder auch von Eltern übertragen sich auf den Untergebenen oder vererben sich an die Kinder, bei denen man sie wiedererkennt. Das Sprichwort stammt von dem römischen Satiriker Gaius Petronius Arbiter († 66 n. Chr.): *qualis dominus, talis et servus*, wörtlich übersetzt: wie der Herr, so der Knecht.

Onse **Härjott** hät allerhangk Kossjänger.

Die aus der Bibel abgeleitete Redewendung nutzt der Rheinländer zur Charakterisierung der unterschiedlichsten Menschen, mit denen er sich abgeben muss. Jeder Mensch ist anders. Der Herrgott hat allerhand Kostgänger.

Do bess wohl nit von **hee**?

Du bist wohl nicht von hier und kennst die hiesigen Gebräuche nicht. Daraus wurde dann: Du bist wohl nicht ganz gescheit. Die fragende Redensart wird benutzt, wenn man zum Ausdruck bringen will, dass der Angeredete offenbar keine Ahnung hat.

Dat **Hemp** ess mech nöhder als dr Rock. / Do ess mech dat Hemp nöhder als de Jack.

Da ist mir das Hemd näher als der Rock. Das Sprachbild besagt, dass mein eigener Vorteil mir wichtiger ist als der eines anderen. Das Sprachbild ist dem Ausspruch des römischen Dichters Titus Maccius Plautus (250–184 v. Chr.) entlehnt: *tunica propria pallio est.*

Et ess nit **Heu** jenoch jewahse, öm för de Lütt dr Mongk ze stoppe.

Die Düsseldorfer Redewendung besagt sehr bildhaft: Gegen üble Nachrede und Verbreitung von Falschmeldungen ist nichts zu machen, gibt es keinen Schutz. So viel Heu kann gar nicht nachwachsen, wie man braucht, um damit den Leuten den Mund zu stopfen. Man muss sich in sein Schicksal fügen und das Beste draus machen.

Hokespokes

Aus der Handlung in der Zauberei und Taschenspielerei hat sich die Zauberformel *Hokespokes*, abgeleitet. Der Ursprung liegt in der lateinischen Formel *hoc est corpus* aus der Wandlung im Gottesdienst, die verballhornt wurde. Die heutige Bedeutung ist: das Getue, die Umstände, das Drumherum. Wendung: *Mach nit so ne Hokespokes!* – Mach nicht solche Umstände! Red nicht so viel drum herum.

Wä en de **Höll** ess, mos sech mem Düvel Frönd mahke.

Man muss sich auch mit unangenehmen Leuten abgeben, wenn man Erfolg haben will. Die bildhafte, typisch rheinische Redewendung zeigt, dass der Rheinländer es darauf anlegt, mit jedem gut auszukommen, auch mit dem Teufel.

Do lache jo de **Hönger**.

Die Redewendung stellt heraus, dass die Geschichte, der Vorgang oder auch die Aussage so unglaublich, so unsinnig, so lächerlich ist, dass selbst die (dummen) Hühner darüber lachen. Die Redewendung wird auch im Rheinischen gerne gebraucht, um eine Aussage, die jemand gemacht haben soll, infrage zu stellen. *Dat soll ech jesaht han? – Do lache jo de Hönger.*

dat **Höngerkläuke**

Die Hühner, *de Hönger*, scharren, kratzen mit ihren Klauen (*e Kläuke* = kleine Klaue), den Krallen nach Körnern und gucken dabei immer nach hinten, ob ein anderes Huhn gesehen hat, dass sie etwas gefunden haben. Wer etwas mit List und Tücke erreichen will, also mem Höngerkläuke, schaut bildlich nach hinten, ob er bei seinem Tun nicht beobachtet wird. Er schmeichelt sich mit Hintergedanken ein. Die folgende Wendung beschreibt die hinterhältige Bedeutung: *Dat hät hä bloß mem Höngerkläuke jekritt* = Das hat er nur mit Hinterlist erreicht. (Siehe Spohr Affekat S. 67.)

ne jemeine **Hongk**

Ein gemeiner Hund ist ursprünglich ein guter Hund, den man gemeinsam hält. Die Bedeutungsverschlechterung von »gemein« hat daraus *ne fiese Hongk* gemacht, genau so, wie die gemeinen Leute heute nicht mehr die ehrenamtlich für die Gemeinschaft oder die Gemeinde Tätigen sind, sondern diejenigen, die gewöhnlich, roh, gaunerhaft, niederträchtig sind (siehe Duden Herk. S. 327).

op dr **Hongk** koome

Jemand, der alles ausgegeben oder weggegeben hat, kommt im Rheinischen *op dr Hongk – kütt op dr Hongk / ess op dr Hongk jekoome*. In gewisser Weise kann eine solche Person auch völlig heruntergekommen sein. Dabei spielt der wahrhaftige Hund keine wirkliche Rolle, sondern nur sein Bild. In früheren Zeiten wurden Wertgegenstände, hochwertige Kleider, Geld, Gold und Schmuck in Truhen aufbewahrt, die man des hochwertigen Inhalts wegen innen ausgemalt hatte. Auf dem Truhengrund war oft ein Hund dargestellt, dessen Anblick Diebe zur Räson bringen sollte. Waren die Wertgegenstände in der Truhe aufgebraucht, dann hatte der Besitzer nichts mehr: *Hä wor ens op dr Hongk jekoome*.

Küsste öwer dr **Hongk**, küsste öwer dr Stähz.

Kommst Du über den Hund, kommst Du über den Schwanz (den Sterz). Die wörtliche Übersetzung des mundartlichen

Sprachbildes mutet seltsam an. Der Sinn ist: Wer das Große schafft, hat auch im Kleinen Erfolg.

en **Hönkesmadam**

En Hönkesmadam ist wörtlich eine Frau, die mit einem kleinen Hund spazieren geht. *E Höngke* ist die Verkleinerungsform von *dr Hongk. En Madam* ist dem Französischen ma dame entlehnt. Der bildhafte Ausdruck bezeichnet eine herausgeputzte, ggf. aufgetakelte Frau, die mit einem kleinen Hund an der Leine spazieren geht. Dass man sich über eine solche Person wegen ihrer Erscheinung lustig macht, ist der humorvolle Nebeneffekt (siehe Spohr Affekat S. 67).

Hoor en de Zupp fenge

Wer Haare in der Suppe findet, macht, um in dem Bild zu bleiben, eine unappetitliche Entdeckung in der leckeren Suppe. Das Sprachbild finden wir schon in Hans Jakob Christoffel von Grimmelshausens (1622–1676) »Simplicius Simplicissimus«. Im Rheinischen ist die Bedeutung heute: in einem Sachzusammenhang etwas finden, was einem nicht passt, was man bemeckert, kritisiert. Es gibt Rheinländer, die suchen genau danach und werden auch fündig. *Dat send dann de Pingel.* Das sind dann die Kleinigkeitskrämer.

Hoor op de Zäng han

Die Redewendung, die vornehmlich auf Frauen bezogen wird, mahnt zum vorsichtigen Umgang. Sie besagt: *Die hät Hoor op de Zäng; do mosste oppasse.* Hinter dem Sprachbild steckt die Vorstellung, dass eine starke Behaarung ein Zeichen von Männlichkeit und Durchsetzungsvermögen sei. Wenn Frauen sich couragiert und streitsüchtig, mit einer gehörigen Portion Aggressivität verhalten, dann haben sie eben *Hoor op de Zäng* (siehe Duden Redew. S. 309).

No **hör** äwer op!

Schluss jetzt! Es reicht! Jetzt reicht's! Hör auf mit Deinen Märchen! Das geht mir zu weit! Ich will nichts mehr (davon) hören. Jetzt hört der Spaß aber auf! Diese standarddeutschen Übertragungen umreißen die einfache mundartliche Aufforderung zum Aufhören.

Do ben ech ussem **Hüske**.

Da bin ich vor Freude außer mich geraten. Mein Geist springt aus freudiger Erregung aus seiner kleinen »Be-haus-ung«, aus dem Häuschen, also aus dem Kopf oder dem Körper.

Hä ess ussem **Hüske**.

Er ist freudig erregt. Er ist geck. Er ist vor Aufregung ganz außer sich geraten. Das Sprachbild *ussem Hüske* spiegelt den Gemütszustand der betroffenen Person wider: außerhalb der Behausung, also des Körpers (siehe das vorige Sprichwort).

Wat **hüt** ess draan, steht morje nimmieh aan.

Was Du heute kannst besorgen, das verschiebe nicht auf morgen. Mit der Redewendung wird zur Erledigung der aktuell anstehenden Arbeitsaufgaben aufgefordert, die dann morgen nicht mehr anstehen.

Hüt ess morje dr Schnee von jester.

Heute ist morgen schon gestern. Die mundartliche Fassung der Feststellung wirkt durch den »Schnee« bildhafter.

Doht eso, als wenn Ehr zo **Huus** wört.

Fühlt Euch bei uns wie bei Euch zu Hause. Diese freundliche Aufforderung richtet sich an den Gast, der sich wohlfühlen soll.

I

Iel

siehe: Vom Härjott kütt de ZIET. Von de Lütt (kütt) bloß de Iel. (→ S. 158)

noch e **Ieser** em Füer han

Die bildhafte Redewendung besagt, dass man vorausschauend eine weitere Möglichkeit in petto, in Reserve hat, für den Fall, dass die erste nicht klappt. Das Sprachbild stammt aus der Schmiede, wo der Schmied oft mehrere Eisen im Feuer hat.

Et ess höchsde **Ieserbahn**.

Der Ausdruck, so bildhaft er sein mag, hat nur indirekt etwas mit der Eisenbahn zu tun. Vielmehr bedeutet er: Es ist höchste Zeit. Wir müssen uns beeilen. Sonst ist der Zug, der Bus, das Flugzeug weg. Der zur Redewendung gewordene Ausdruck entstammt einem Berliner Lustspiel von Adolf Glaßbrenner (1810–1876), in dem ein Protagonist in seiner Zerstreutheit statt »Es ist höchste

Zeit. Die Eisenbahn ist schon angekommen« sagt: »Es ist höchste Eisenbahn. Die Zeit ist schon vor drei Stunden gekommen«. Dieser Versprecher wurde nicht nur Berlin beliebt, sondern auch in Düsseldorf, wo es im Innenstadtbereich fünf große Bahnhöfe gab, und hat sich hier bis heute in seiner übertragenen Bedeutung erhalten.

J

Eenem en **Jahdengprädech/Jahdengred** halde.

In früherer Zeit hielt die Frau dem spätabends vom Wirtshausbesuch betrunken heimkehrenden Ehemann eine Strafpredigt durch die Gardine – das Ehebett hatte damals rundherum eine Gardine, die Fliegen, Mücken und anderes unangenehmes Getier nachts vom Bettraum abhalten sollte. Durch diesen Behang, die Gardine, ertrug der arme Ehemann die Gardinenrede, *de Jahdengred*, was ihn aber nicht sehr störte, denn er war ja *benüselt.*

de **jähl** Färv op dr Liev ärjere

Das Sprachbild meint, dass man sich wegen einer unangenehmen Angelegenheit grün und blau ärgern muss, also maßlos, bis einem die Galle hochkommt. Im Rheinischen steht die gelbe Farbe, *de jähl Färv*, für die Galle, die man an den Leib kriegt, mit der sich die Haut färbt.

Eenem deht de **Jall** öwerloope.

Es gibt Anlässe, Ursachen oder Vorkommnisse, die einen ärgern und die einem dadurch bildlich und auch ganz praktisch die Galle überlaufen lassen, sodass man in Wut gerät. Man kann aber auch *ne dicke Hals kreeje*, weil einem die Halsadern vor Zorn anschwellen.

Jamasche

Wenn jemand vor einem anderen, einer höhergestellten Person, dem Vorgesetzten, Ehrerbietung, Respekt zeigt, dann sagt der Düsseldorfer: *Hä hät (janz aanständech) Jamasche vör däm.* Die Gamasche war ein auf dem Schuh aufstoßender feinlederner Überstrumpf. Der Ausdruck ist vom spanischen *guademicí* über das Provenzalische ins Französische gelangt, als *la gamache*, und dann im 17. Jh. als modische Kleidung zu uns gewandert. Gamaschen trugen die feinen Herren und die, die sich dafür hielten. Das feine Leder stammte ursprünglich aus der Stadt Ghadames in Tripolitanien/Libyen, woher das Leder den Namen hat (siehe Kluge Etym. WB S. 330).

Jamasche vör eene han kann auch über den Respekt hinaus mit einer gehörigen Portion Angst verbunden sein: *janz aanständech, janz öhndtlech Jamasche han.*

Wat soll dat öwerhaups **jäve**?

Wörtlich übersetzt heißt der fragende Ausdruck: Was soll das überhaupt geben? Sinngemäß übertragen ergibt das: Was soll daraus werden? »Werden« wird im Rheinischen oft mit »geben« ausgedrückt: *Wat soll et met däm jäve?* – Was wird aus ihm? *Et soll morje kalt Wähder jäve.* – Es soll morgen kalt werden.

Mer hant et nit vom **Jäve** (Usjäve). Mer hant et vom Behalde.

Diese Lebensweisheit zielt auf die Sparsamkeit des Rheinländers ab, obwohl es auch solche gibt, die im Ausgeben sehr großzügig sind und dabei ihre Gröschelchen nicht zusammenhalten können, *ehr Jröschelches nit zesamme halde könne.* Darum die mahnende Feststellung: Wir haben es nicht vom Ausgeben. Wir haben es von Behalten.

Dat ess ne **jecke** Doll.

Das schon im 14. Jh. gebräuchliche Wort (Adjektiv) jeck, das im Rheinland im Karneval sehr beliebt ist, bedeutet: närrisch, verrückt. *Dr Jeck* ist eigentlich der Narr, der Hofnarr, und *ne Doll* ist der törichte Spaßvogel. In der Kombination *ne jecke Doll* ist eine total verrückte Person gemeint, wie man sie auf dem Karneval, aber auch außerhalb des Karnevals antrifft. Der Ausdruck ist nicht beleidigend gemeint (siehe Kluge Etym. WB S. 338, 920).

Jedonn ess jedonn. / Wat jedonn ess, ess jedonn.

Die standarddeutsche Übertragung entspricht dem originalen Sinn: Erledigt ist erledigt. Getan ist getan. Die dahinterliegende Bedeutung ist: Was getan, *jedonn*, ist, darüber braucht man sich keine Gedanken mehr zu machen.

Dat **jeht**, dat löpt wie jeschmeert.

Das Sprachbild bezieht sich auf die Maschinenteile, die, wenn sie gut geschmiert sind, hervorragend funktionieren, laufen. Übertragen bedeutet das Sprachbild: Wenn die Sache gut vorbereitet ist und jeder seine Aufgabe erfüllt, dann läuft der Laden.

Wie **jeht** et? – Op zwei Been am besde.

siehe: Wie ESSET Dech? – Op zwee Been am besde. (→ S. 48)

Nix **jeht** öwer de Jemötlechkeet.

Es geht nichts über die Gemütlichkeit. Gemütlichkeit über alles. Die Wendung beschreibt das angenehme, gesellige Beisammensein, ohne das nichts geht. Gemütlichkeit steht bei einer zwanglosen Geselligkeit an erster Stelle. Gemüt beinhaltet die Seele, die innere Strahlkraft, das Verstehen. Kommen dazu die Atmosphäre, die passende Umgebung, der rechte Ort und nicht zuletzt das Wesentliche: die geeigneten Menschen, dann ist die Gemütlichkeit, *öwer die nix jeht*, perfekt.

Däm hant se **jelackmeiert**.

Er wurde angeschmiert, betrogen. In dem nur als Partizip *jelackmeiert* gebräuchlichen Wort steckt *lack* – Makel, Schaden, Unglück; *meiere* heißt eigentlich: foppen, täuschen. Die Redewendung ist im Rheinischen und in der deutschen Umgangssprache sehr gebräuchlich. Eine wörtliche Übersetzung ins Standarddeutsche gibt es nicht.

Jeld

Für Geld, *Jeld*, hat der Rheinländer eine Reihe von bildhaften Ausdrücken, die zum Teil auch ins Standarddeutsche gewandert sind: *dat Moos* (jiddisch: kleine Münze, Kleingeld), *de Piepe, de Kies* (jiddisch: Geldbeutel), *de Penninge* (mittelhochdeutsch: kleine Münzen), *de Monete* (lateinisch: Münzen), *de Penunze* (polnisch: Münzen), *dr Mammon* (aramäisch: Geld, Hab und Gut), *de Nüssele* (Kleingeld), *de Moppe* (Gaunersprache: kleine Münzen), *Pinke Pinke* (rotwelsch: klingendes Geld), etc. Diese Begriffe zeigen, wie weit der sprachliche Kontakt des Rheinischen reicht.

Hä stenkt noh **Jeld**.

siehe: Dä stenkt noh Jeld wie e Ferke noh OTTEKOLONG. (→ S. 115)

Wä **Jeld** hät, kann dr Deuvel danze losse.

Dieses schöne Sprachbild, das den Teufel mit ins Spiel bringt, besagt, dass ein Vermögender mit seinem Geld selbst den Teufel tanzen lassen kann. Er kann sich alles erlauben, sich alles zu Dienste machen.

Jesses Marie!

Ausruf des Erschreckens und des Erstaunens, auch der Befürchtung: Jesus Maria! Wendung: *Jesses Marie! Do ben ech als wedder zo spät.* – Jesus Maria! Verdammt! Da bin ich schon wieder zu spät. Im Grunde genommen ist *Jesses Marie!* ein Stoßgebet zur Entschuldigung.

Hä ess nit von **jester**.

Dieses Sprachbild geht über die Zeit hinaus. Gemeint ist, dass der Betreffende mehr kann und mehr weiß, als man anzunehmen bereit ist. Er ist hinter der Zeit nicht zurückgeblieben, ist also nicht von gestern. Die Redewendung stammt aus dem Buch Hiob (8,9) des Alten Testaments.

Do beste scheef **jeweggelt**.

Das Sprachbild stammt davon, dass Kleinkinder, Wickelkinder, (ein)gewickelt werden, damit man mit ihnen seine Ruhe hat. Ist das Kind nicht richtig, also schief, *scheef*, gewickelt, dann hat man damit seine Last. Aus diesem Bild entstand die Bedeutung: sich in einer Sache gründlich irren. Wendung: *Wenn De jlövst, ech donn Dech dr Ware jäve, dann besste scheef jeweggelt.* – Wenn Du glaubst, ich gäbe Dir den Wagen, dann irrst Du Dich gehörig.

Watte do sähs, dat **jlövste** doch selver nit.

Was Du da sagst, daran glaubst Du doch selbst nicht. Du lügst. In der Wendung wird eine nicht glaubhafte Tatsache oder Aussage persönlich unterstrichen.

Wä wor op Jöck, hät em Läve vell **Jlöck**.

Wer viel auf Reisen war, hat Vieles gesehen, kann von Vielem erzählen, hat viele Erkenntnisse gewonnen. Das können die Wandergesellen von sich sagen, deren Erfahrungswelt das Sprichwort entstammt. Die ähnliche standarddeutsche Fassung lautet: Wenn jemand eine Reise tut, dann kann er was erzählen. Über die Wandergesellenzeit hinaus, meint das Sprichwort heute den Erfahrungswert, den man auf Reisen gewinnt.

op **Jöck** sen

Unterwegs sein, auf Reisen sein, kurz außer Haus sein: das sind die Bedeutungen des ungewöhnlichen Ausdrucks, der im Ursprung wohl etwas mit jucken zu tun hat, das schon im Mittelhochdeutschen so lautete. Im Rheinischen *jöcke* drückt sich die kurzzeitige Bewegung aus, die man im Standarddeutschen in etwa mit der Version »es juckt mich etwas zu tun« übertragen kann. Wenn ich nur mal kurz außer Haus bin, dann *ben ech ens*

mol op Jöck oder *mol jrad op Jöck*, um Besorgungen zu machen. Ob es einen sprachlichen Zusammenhang zwischen jucken – *jöcke* – in der Bedeutung von »springen«, »eilig gehen«, und jucken gibt, sodass man sich kratzen muss, ist scheinbar naheliegend, aber nicht gesichert.
Darüber hinaus drückt *jöcke* auch die Freude an der Bewegung, am Fahren, am Weggehen aus. Wer von zu Hause weggefahren, weggegangen ist, ist auf Standarddeutsch verreist oder auf Tour. Auf Düsseldorfer Rheinisch sagt man: *Ech ben op Jöck.*
Auch die Aufforderung zur Eile, wenn es etwas zu tun gilt, kann man mit *jöcke* ausdrücken. Beispiel: Zeig mal ein bisschen mehr Eile, mach mal voran, beeil Dich! = *Lott jöcke!* (siehe der nächste Eintrag).
Wenn jemand sein Geld mit Freuden verschwendet, durchgebracht, verjubelt hat, dann sagt man auf Rheinisch: *Hä hät si Jeld verjöckt.* Er musste sein Geld ausgeben, weil es ihn juckte (siehe dazu Spohr Affekat S. 76).

Lott **jöcke!**

Voran! Los geht s! Vorwärts! Beeil Dich! Diese Aufforderungen entsprechen dem rheinischen Sprachbild. Weiteres siehe im Vorigen.

dat **Jöckradieske**

Das *Jöckradieske* ist ein quirliges, unruhiges, unstetes Mädchen, ursprünglich: ein junges Mädchen, das schon poussieren will und deshalb gern mit Jungen *op Jöck jeht.* Dieses *Jöck* ist in der Grundbedeutung die Schaukel, die unbeständig hin- und hergeht; *-radieske* stammt als Diminutiv vom Lateinischen radix (Wurzel, Wurzelgewächs) ab, das über das Mittelfranzösische *radis* zu uns gekommen ist (siehe Spohr Affekat S. 77).

Öm **Joddes** Welle!

Der Ausruf des Entsetzens und Erstaunens wird im Rheinland immer dann gebraucht, wenn ein Ereignis unvorhergesehen oder unglaublich ist. Als Variante gibt es dazu auch: *Öm Hemmels Welle!*

Et ess nit all dat **Jold**, wat blänkt.

Die rheinische Version des Sprichworts ist der deutschen gleich: Es ist nicht alles Gold, was glänzt. Man soll sich nicht von jedem Glanz blenden lassen. Der Schein ist oft trügerisch.

de **Joldene** Mösch

Jeder hat irgendwie immer einen Vogel, auch die Schützen. Nur: der Vogel der Schützen ist ein besonderer Vogel, nämlich der Ehrenvogel, der bei der Parade vorangetragen wird. Auf ihn wurde früher geschossen, um den Schützenkönig zu ermitteln. Dafür ist er heute zu prächtig. Er dient nur noch als Ehrenvogel, als Symbolfigur des Schützenwesens und heißt wegen seines prächtigen glänzenden Aussehens *de Joldene Mösch*.
Im mundartlichen *Mösch* steckt das lateinische *musca*, die Fliege. Über das Französische *la mouche* ist *de Mösch* entstanden (siehe Spohr Affekat S. 141).

Et ess noch emmer joot **jejange**.

Dem Vergangenen, egal wie es passiert ist, jammert der Rheinländer nicht nach. Die Redewendung, die dritte Regel des Rheinischen Grundgesetzes, entspricht dem Charakter des

Rheinländers, den nichts erschüttern kann. Irgendwie wird es immer klappen.

Et ess Dech wohl nit **joot**.

Du fühlst Dich sicher nicht wohl. Es geht Dir wohl nicht gut. Soll man Dir etwas helfen? Weiterführend: Du bist wohl nicht ganz klar im Kopf. Die Redewendung benutzt man, wenn man die Handlungsweise des Angesprochenen infrage stellt und dabei seinen Geisteszustand ins Spiel bringt.

So **Jott** well on de Hilleje nix döjäje hant.

So Gott will! Ausruf einer dringenden Bitte: Hoffentlich wird es so, wenn die Heiligen nichts dagegen haben! Hoffentlich spielen die Heiligen helfend mit.

Wat mr **jövt**, ess mr kwitt.

Dieses Sprichwort besagt: Was man ausgibt, ist man quitt, also los. Der ermahnende Unterton ist: Halt Dein Geld zusammen! *Wat fott ess, ess fott!* Man kann das Geld nur einmal ausgeben.

en et **Jras** bieße mösse

Die bildhafte Wendung bezeichnet die Tatsache, dass jemand sterben muss. Schon im Altertum war sie gebräuchlich für Soldaten, die nach dem Kampf tot auf der Erde liegen, so als hätten sie vor Todesschmerz ins Gras gebissen. Das Sprachbild *en et Jras bieße* ist gefälliger als das profane »tot auf der Erde liegen«.

et **Jras** wahse höre

Er hat überall seine Ohren. Er hört die kleinsten, unwahrscheinlichsten Dinge. Selbst das Gras hört er wachsen. Zumindest bildet er sich das ein. Das ist der Bedeutungsrahmen der Redewendung, die aus der altnordischen Edda des 13. Jh.s stammt (siehe Duden Redew. S. 297) und im Rheinischen wegen der enthaltenen Unglaublichkeit sehr beliebt ist.

Hä wöhd sech em **Jrav** erömdriehe.

Wenn der Verstorbene dieses Ereignis oder diese Handlungsweise noch sehen, noch erleben könnte, würde er sich im Grabe herumdrehen. Er würde so etwas nicht billigen. Das würde ihm missfallen. Das Sprachbild geht von der alten Annahme aus, dass der Tote im Grab noch so lange Regungen hat, wie er noch nicht verwest ist. So lange könnte er seinen Kommentar dazu abgeben. Heute wird diese Redewendung benutzt, wenn sich etwas Ungehöriges ereignet hat, das man nicht billigen kann.

all em **Jreff** han

Die Redewendung besagt, dass jemand etwas gut beherrscht und unter Kontrolle hat, so wie der Geigenspieler oder der Handwerker, der alle Handgriffe automatisch tut.

ne **Jrömmel** en de Tröht han

Wer Kratzen im Hals, also Halsweh hat, der hat auf Rheinisch bildlich einen Krümel im Hals, der ihm die Schmerzen verursacht. *Dä hät ne Jrömmel en de Tröht*, wobei *de Tröht* das Sprachbild für die Halsröhre ist (siehe: *de Tröht*).

Jrondies

siehe: Däm jeht de BUCKS met Jrondies. (→ S. 33)

Et duert lang, bes bei däm dr **Jrosche** fällt.

Es dauert, bis er versteht. Er braucht lange, bis er kapiert. Eigentlich fällt Kleingeld schnell auf die Erde. Hier ist das Sprachbild negativ übertragen auf die geistige Schwerfälligkeit einer Person. *Bei däm fällt äwer dr Jrosche langsam. Jrosche* war das alte Zehnpfennigstück, das bei jemandem, der schwer *von Kapee*, also begriffsstutzig ist, bildlich im Kopf wie in einem Geldspielautomaten langsam fällt.

Hee ess et wie en en **Judescholl**.

Hier ist laute, lärmende Unruhe wie in einer Judenschule. Das jüdische Gebetshaus, die Synagoge, wird bei den rechtgläubigen Juden »Schule« geheißen. In der Synagoge wird nicht nur Gottesdienst zelebriert; dort werden auch Versammlungen abgehalten und die Jugend unterrichtet. Der übertragene Sinn hat keineswegs einen abwertenden Hintergrund, zumal das Hebräische und die vielen Stimmen im Unterricht bei den Passanten aus sprachlicher Unkenntnis heraus nur den Eindruck des Durcheinanders der Stimmen erweckten. Bei manchen anderen Schulen dürfte ein ähnlicher Eindruck entstanden sein. Das aus dem 18. Jh. stammende Sprachbild hat sich heute auf lautes Stimmengewirr in Versammlungen überhaupt übertragen.

dr **Jufferbrode/Jongferbrod**

Der Ausdruck hat nichts zu tun mit einem Jungfrauenbraten. Die heutige Wortbedeutung fußt auf einem Missverständnis.

Das *-fer* in *Jungfer* lautet im Althochdeutschen *-farah* (siehe Kluge Etym. WB S. 287) und bedeutet »Ferkel«. *Jungfer* bedeutete also »junges Ferkel«. Demnach müsste der Ausdruck korrekt übersetzt werden als: Jung-Ferkel-Braten. Gemeint ist also ein »Spanferkelbraten«. Und als solcher ist er sehr beliebt. *Juffer* ist die Kurzform von *Jongfer*.

K

ne fiese **Kähl**

Mit dieser Bezeichnung wird ein unangenehmer Kerl betitelt, *der sech för nix fies ess*, der seinen Mitmenschen gegenüber nichts Böses, Freches, Gemeines auslässt. Ohne schmückendes Adjektiv ist der Kerl, *dr Kähl*, ein kräftiger, anständiger, tüchtiger Mann, auf dessen Zuverlässigkeit man zählen kann.

Dat ess ne jescheite **Kähl**. Wenn dat de Lütt bloß wössden.

Mit dieser Aussage charakterisiert der Düsseldorfer einen Dummkopf, *ne Doove*, der eigentlich ein gescheiter Kerl ist, wenn das die Menschen nur wüssten.

eene dörch dr **Kakao** trecke

Dieser beschönigende Ausdruck ist keinesfalls harmlos, sondern hat einen schlimmen Hintergrund, den der Rheinländer sprachlich nicht über die Lippen bringt. Kakao steht nämlich beschönigend für »Kacke«, durch die man jemanden zieht, wenn man ihn veräppelt, also verhöhnend auf den Arm nimmt.

Et nachts ess et **kälder** als drusse.

Nachts ist es immer kälter. Nachts ist es immer draußen kälter als drinnen. Der bildhafte Ausdruck ist ein Pleonasmus.

Die **kalle** sech de Mull fusselech.
Die kalle sech Franse an de Mull.

Die schönen Sprachbilder mit *Fussele* und *Franse* lassen sich nicht wörtlich ins Standarddeutsche übertragen. Die Aussagekraft bleibt der Bildhaftigkeit der rheinischen Sprache vorbehalten. Der Sinn der beiden Redewendungen ist: Die reden da ununterbrochen. *Fussele* sind kleine Fäden, und *Franse* sind lose Gewebefäden an Teppichen. Wenn jemand also ständig, ununterbrochen und ausschweifend breit redet und sich dabei verzettelt, an dessen Lippen können sich, bildlich gesprochen, *Fussele* oder *Franse* bilden (siehe Spohr Affekat S. 59, 62).

Dat send olle **Kamelle**.

Die kölnischen Kamellen, die übrigens im Düsseldorfer Raum *Balkes* heißen, sind hier nicht gemeint. Wenn jemand alte Histörchen erzählt, dann sagt der Rheinländer: *Hör op met Dinn olle Kamelle. Die kenne mer schon.* Die alten Geschichten send doch olle Kamelle, und die langweilen die Zuhörer. Die Bedeutung und Herkunft unserer Redewendung liegt in der französischen *camomille,* der Kamille. Die alten Kamillenblüten, die ihre Heilwirkung wegen ihres Alters verloren haben, ergeben bildlich den originalen Sinn.

an de **Kandar**

Eene an de Kandar nähme, packe, läje, das ist der Anwendungsrahmen der Kandare in der Mundart. Der aus der Tierhaltung stammende Ausdruck »an die Kandare nehmen« bedeutet: am Zaumzeug ziehen, damit die daran befestigte Gebissstange das Tier (Pferd, Ochse) gefügig macht, zäumt. Die übertragene Bedeutung ist: jemanden streng behandeln, unter Kontrolle nehmen, zwingen, in seiner Freiheit einschränken, in eine bestimmte Richtung bringen. *De Kandar* stammt vom ungarischen *Kantár* und heißt dort »Zaum«.

Dat ess onger de **Kanon**.

Die Redewendung entstammt der Schulsprache des 19. Jh.s; sie bedeutet: unter jeder Kritik, unter jedem Niveau, unbeurteilbar schlecht. Der Ausdruck hat nichts mit einer Kanone zu tun, vielmehr mit dem Beurteilungskanon, der wie eine Leiter gegliedert war. Wenn Schüler so schlecht waren, dass für ihre Leistung auf der Leiter des Notenkanons nichts mehr passte, dann lagen sie darunter, also unter dem Kanon, lateinisch: *sub omni canoni*, was dann fälschlicherweise mit »unter aller Kanone« übersetzt wurde, im Rheinischen: *onger de Kánon / onger jede Kánon.* Betont wird *Kanon* auf der ersten Silbe. Von der Beurteilungsskala des Kanons abgeleitet haben sich die Bedeutungen »Regel, Richtschnur, Norm«.

Mr moss jett op de hohe **Kant** läje för de alde Daare.

Hier geht es ums Sparen: Man soll etwas auf die hohe Kante legen, um im Alter, *en de alde Daare*, in den alten Tagen, etwas zu haben. Die hohe Kante war früher ein hoch oben an der Wand angebrachtes Brett, auf dem man für spätere Zeiten Reserven, so auch Geld, zurücklegte.

Wat soll dä janze **Kappes**?

Was soll dieser Unsinn? Die Größe des Kohlkopfes, *Kappes*, stellt bildhaft völligen Unsinn, dummes Zeug dar. *Wat hä do verzällt, ess nix wie Kappes.* – Die Geschichte, die er erzählt, ist großer Kappes, ist unsinnig. Auch was oft im Fernsehen gezeigt wird, ist im Rheinischen *Kappes*. Da *Kappes* im Standarddeutschen Kohl heißt, ist eine Bedeutungsherleitung bzw. Bedeutungsübertragung aus dem Rotwelsch-Jiddischen *Kohl/Kol* nicht von der Hand zu weisen. Dort ist *Kohl* Unsinn, leeres Gerede, Blödsinn.

Mech platzt dr **Kappes**.

Ich hab den Kopf voller Gedanken. Ich muss an Vieles denken, Vieles organisieren, so dass mir der Kopf davon so schmerzt, dass er mir zu platzen droht. Natürlich platzt der Kopf nicht wirklich, nur im übertragenen Sinn! *Dr Kappes* ist eigentlich der standarddeutsche Kohlkopf. Das Wort ist eine deformierte Entlehnung vom lateinischen *caput* (siehe Spohr Affekat S. 84; Kluge Etym. WB S. 472).

dr/ne **Kater** han

Nach dem Zechen am Abend stellt sich am nächsten Morgen der Kater ein, den man dann hat. Das ist aber sprachlich nicht ein richtiger Kater, der einen dann besucht. Der Rheinländer hat nur den Originalausdruck *Katarrh* sprachlich deformiert. So ist der Kater entstanden. Wendung: *Mer hant jester vell jesoffe, on hüt*

Morje han ech ne fiese Kater. – Wir haben gestern ordentlich gezecht, und heute Morgen habe ich einen schlimmen Kater.

Et wor all för de **Katz**.

Es war alles umsonst, vergeblich, nutzlos. Die bildhafte Wendung bezieht sich ursprünglich auf die Essensreste, die die Katze bekam. Diese waren für die Katze noch gut genug.

de **Katz** em Sack koofe

Das Sprachbild hat einen üblen Hintergrund. Auf dem mittelalterlichen Wochenmarkt wurden oft Tiere im Sack verkauft: Hasen, Ferkel, Karnickel. Hatte der Käufer vorher nicht einen prüfenden Blick in den Sack geworfen, dann hat er oft zu Hause eine wertlose Katze ausgepackt, die er nicht mehr zurückgeben konnte, weil der Markt beendet war. Der Käufer war also betrogen. Daraus hat sich die heute im Rheinischen wie im Standarddeutschen sehr beliebte Wendung ergeben: *Hä hät en Katz em Sack jekooft.* – Er hat etwas ungeprüft gekauft. Wenn jemand aber vor dem Kauf einen prüfenden Blick in den Sack werfen will, dann sagt er zu dem Händler: *Ech koof doch kinn Katz em Sack!* Dieser bildhafte Ausdruck gilt heute für jeden Kauf, der vorher geprüft sein will.

Wä jett han well för ze **käue**, dahf de Ahbiet ooch nit scheue.

Wer zu essen, zu kauen haben will, darf sich vor der Arbeit nicht drücken. Essen und Arbeit bilden beliebte rheinische Sprichwortformeln, die gerne auffordernd, belehrend, aber auch beschönigend gebraucht werden (siehe die Beispiele unter *Ahbiet*).

ne **Kavenzmann/Kaventsmann**

Der bildhafte Ausdruck beschrieb ursprünglich einen beleibten, dickbäuchigen Mann, so wie man ihn von dem wohlgenährten *homme de couvent* – Klosterbruder, Klostermann – her kannte. Das französische *homme de couvent* hat sich im Rheinischen sprachlich über h*omme de covent* → *covent(s)mann* → *Kaventsmann* (mit Gleit-s) zu *Kavenzmann* entwickelt. Übertragen hat sich das Sprachbild auch auf ungewöhnlich große Dinge, zumeist in rundlicher Form und auf schöne Prachtexemplare überhaupt (siehe Spohr Affekat S. 86 f.). Ein dicker Brocken ist dementsprechend *ne dicke Kavenzmann.* Der Ausdruck *Kavenzmann* wird keineswegs im negativen Sinn gebraucht, eher als liebenswerte, bewundernswerte Bezeichnung eines wohlgenährten, sympathischen Mannes und/oder eines Prachtexemplars eines Gegenstandes. Auch die großen Fische, die Angler geangelt haben, nennt der Rheinländer *Kavenzmänner.*

Mit däm ess nit joot **Kehsche** esse.

Die mittelalterliche, auch im Standarddeutschen üblich gewordene Redewendung besagt, dass mit jemandem nur schwer umzugehen ist. Mit einer solchen Person sollte man sich nicht anlegen, nicht verhandeln, auch wenn man sie vorher mit Kirschen oder einem anderen Geschenk wohlstimmen wollte.

Kenger hant sech nit selver jemaht.

Dieses Sprichwort besagt, dass Kinder immer nach ihren Eltern kommen, auch wenn sie aus der Art geschlagen sind. Das ist die rheinische Sehweise: Die Dinge sind so, wie sie sind. *Et ess, wie et ess.* Es gibt für alles einen Grund.

Leeve **Kenger** hant vell Namens.

Wörtlich übersetzt: Liebe Kinder haben viele Namen. Und in der Tat: Im Rheinischen gibt es zahlreiche Begriffe für Kinder. Sie bezeichnen zumeist die Eigenschaften: *e Babaditzke, en Put, e Ditzke, e Müpp, e brav Müppke, e Stömke, ne kleene Krott, e Häzzstämke, e Fimke, e Pummelche, ne Rotzech, e Buselche, ne Bangzibbel, e Primmelche, en Brahtschnudel, en Kick-en-de-Welt, ne Stropp, e Ströppke, ne Wibbelstähz, ne Frechdachs, e Möhrke, e Mallörke, e rösech Oos, e doll Blach, e Scharüttche, e Uselche*, etc. (siehe Spohr WB S. 171).

Kleene **Kenger** kleene Sorje, jroode Kenger jroode Sorje.

Das Sprichwort stellt fest, dass die Sorgen mit den Kindern wachsen.

Kenger send **Kenger**; ooch wenn et de eeje send.

Kinder sind Kinder; auch die eigenen. Dieses Sprichwort zeigt die Einstellung des Rheinländers, die Dinge so zu nehmen, wie sie sind. Kinder sind eben Kinder, egal wie.

Die hant **Kenger** wie Müs. Sibbe Stück.

Die Familie ist kinderreich. Die bildliche Redewendung spielt auf die zahlreiche Nachkommenschaft der Mäuse an und überträgt diese auf die kinderreiche Familie. Die Zahl *sibbe*, sieben, soll die große Anzahl der Kinder unterstreichen. Die Redewendung wird humorvoll, aber auch abfällig gebraucht, oder um Staunen auszudrücken.

Dat ess e rösech **Kengk**.

Das ist ein liebenswertes kleines Kind. Das Adjektiv *rösech*, das es als *rôsic* schon im Mittelalter gab, bedeutet: schön wie eine Rose. Bezogen auf ein Kind meint es auch: brav, lieb.

Dat **Kengk** hät Queckselver en de Fott.

Das Kind kann nicht ruhig sitzen, ist zappelig, als hätte es Quecksilber im Hintern.

Dat **Kengk** moss ne Name han.

In dieser Redewendung steht das Kind, das ja auch einen Namen bekommen muss, für die Sache, die benannt werden muss, damit sie bekannt wird. Daher sucht die Werbebranche immer nach eingängigen Namen für die Produkte; sie lauten etwa: Nivea, Persil, Mercedes, Löwensenf, Penaten, Maggi, Pattex, UHU, Knirps, etc.

met **Kengk** on Keejele

Synonym dieser bildhaften Wendung ist: *met de janze Bajahsch* – mit der ganzen Familie, mit allem Drum und Dran, mit Sack und Pack, wobei sich das letzte Wort auf das französische *bagage* bezieht. Die Ursprungsbedeutung der bildhaften Wendung *Met Kengk on Keejele* ist eigentlich: mit den eigenen und den unehelichen Kindern. *Kegel* wird auf das mittelhochdeutsche *kegel* in der Bedeutung »uneheliches Kind« zurückgeführt (siehe auch Kluge Etym. WB S. 485).

Et **Kennwasser** löpt mech em Mongk zesamme.

Wenn eine leckere Speise auf den Tisch kommt und es gut danach riecht, läuft einem (hier: mir) das Wasser im Mund zusammen.

Mr moss de **Kerk** em Dörp losse.

Man muss die Kirche im Dorf lassen. Man muss bei der Sache bleiben, soll nicht abschweifen, auch nichts übertreiben. Die Wendung stammt von den früher üblichen Bittprozessionen in den Kirchengemeinden, die einen nicht zu weiten Weg um das Dorf einschlagen sollten, damit die Gläubigen wieder früh genug zurück in der Kirche waren und nicht in die Wirtschaft abwanderten. Das hatte der Pfarrer vor-sichtig zu beachten. Die Kirche steht hier für die Kirchengemeinde.

Hä hät bei mech noch vell op'm **Kervholz**.

Diese bildliche Redewendung, die aus der Kaufmanns- bzw. Wirtssprache stammt, bezeichnet die Zahlschuld, die der Käufer bzw. der Gast hat. Bis ins 19. Jh. schnitzte der Händler bzw. der Wirt die Schuld mit einer Kerbe auf dem Kerbholz ein. Das Kerbholz bestand aus zwei gleichen, aneinanderpassenden Stöcken. Einen Stock bekam der Schuldner, den anderen behielt der Händler. Solange der Schuldner seine eingekerbte Schuld nicht beglichen hatte, hatte er für den Händler etwas (viel) auf dem Kerbholz: *Hä hät noch wat (vell) op'm Kervholz*. Das Sprachbild wird heute für jeden benutzt, der gegenüber jemandem eine offene Schuld, eine unbeglichene Rechnung oder eine unerledigte Aufgabe hat.

Noh, **kick** ens aan! Watte nit sähs!

Sieh mal an! Was Du nicht sagst! Was Du nicht meinst! Kaum zu glauben! Die Wendung stellt das Erstaunen über eine ungewöhnliche Aussage heraus.

Hä hät em op'm **Kicker** jehatt.

Er hat ihn kritisch, argwöhnisch, misstrauisch beobachtet. Dieser moderne Sinn hat sich aus dem ursprünglichen entwickelt. *Dr Kicker* ist in der Segelsprache das Fernrohr, mit dem der Matrose am Horizont Schiffe oder das Land erspähen konnte; seine Beobachtung gab er an den Kapitän weiter.

alde, fuule **Kies**

Wenn Speisen alt sind und riechen, dann sagt der Rheinländer: *Dat rücht wie alde, fuule Kies.* Käse, Kies, ist in der Aussage *Dat ess äwer Kies* nicht unbedingt Käse, vielmehr sind damit dummes Geschwätz, dumme Reden, die man nicht gerne hört, gemeint (siehe Rh. WB Bd. 4, S. 231).

Wä wat deht, moss **klappere**.

Die sprichwörtliche Redewendung lautet im Standarddeutschen: Klappern gehört zum Handwerk. Gemeint ist, dass Werbung und Reklame zur erfolgreichen Arbeit gehören. Ohne Werbung gibt es keine Kunden. Wer nicht auf sich und seine Arbeit aufmerksam macht, hat keinen Erfolg. Dass dieses *klappere* sprachlich mit dem französischen *claquer* zusammenhängt, ist zwar naheliegend, aber nicht gesichert. Jedenfalls ist der werbende Knalleffekt, mit dem die Claqueure zum Erfolg eines Theaterstücks beitrugen, derselbe.

Klävploster hant Liem am Hengerschde on könne dr Wäch noh Hus nit fenge.

Stammtischbrüder kleben oft am Stuhl wie ein Klebepflaster und finden dann nicht mehr rechtzeitig den Weg nach Hause.

Do mosst ech **kleen** beijäve.

Ich musste »Ja« sagen, auch wenn es zu meinem Nachteil war. Die bildhafte Redewendung, die heute fast nur noch im übertragenen Sinn gebraucht wird, entstammt dem Kartenspiel, wo der Spieler, um nicht stechen zu müssen, klein beigibt. Es ist rheinische Art, Streit zu vermeiden, also *kleen beizojäve*, will sagen: seine Ansprüche herunterzuschrauben, zu senken, sich in eine geringere Lage zu fügen, sich mit weniger zu bescheiden – und das um des lieben Friedens willen.

Dat ess **klipp** on klor.

Die nach dem Kauf auf dem Viehmarkt übliche Kaufbekräftigungsformel *klipp on klor* stand bei den Händlern für: Die Sache ist klar; wir sind uns handelseinig. *Klipp* bedeutet »passend« und *klor* heißt »klar«, »hell«. Die Alliteration bekräftigt den Sinngehalt. Aus dem Handschlag ergibt sich der lautmalende Ton beim abgeschlossenen Kauf. Das rheinische Sprachbild bedeutet heute: Die Sache ist klar und eindeutig verständlich.

Dr **Klöjere** jifft noh, säht dr Ochs, on do trock hä aan.

In dieser Redewendung schlägt der rheinische Humor voll durch. Der Klügere gibt immer nach, auch wenn er der Ochse ist. Und damit hat er seine Ruhe …, und der Bauer auch. Der Klügere ist immer der Einsichtigere, egal wer das ist. Und diese Einsicht bringt Vorteile.

Klompe

siehe: Wenn et MODE ess, jeht mr met Klompe en de Kerk. (→ S. 104)

Dat ess **klor** wie Wohschbröh.

Das ist klar wie Kloßbrühe. Daran gibt es nichts zu deuteln. Die Sachlage versteht sich von selbst. Die scherzhafte Wendung unterstreicht im Vergleich die Klarheit einer Sache mit der Kloßbrühe. Kloßbrühe und *Wohschbröh* sind klar.

Mr soll nix öwert **Knee** breche.

Die Redewendung beschreibt bildhaft das Zerkleinern von Holzstücken, die, wenn sie zu dick sind, nicht über dem Knie zerbrochen werden sollen/können. Um sie zu zerkleinern, braucht man mehr Zeit und eine andere Unterlage. Dinge voreilig, übereilt tun, bringt nichts. Das wäre unüberlegt und unrheinisch.

Däm kömmt et näcke **Knee** dörch dr Kopp.

Das ist das Sprachbild, mit dem der Düsseldorfer eine Glatze umschreibt. Das Knie kommt ihm durch den Kopf. Die Redewendung ist heute wieder aktuell, weil die Glatze wieder modern geworden ist.

ne nörjeleje **Knisterfister**

Der *Knisterfister* ist ein Kleinigkeitskrämer, jemand, der sich mit kleinen Dingen, also mit Kleinigkeiten beschäftigt und diese Arbeit peinlich genau tut. Daraus hat sich die Nebenbedeutung entwickelt, dass der *Knisterfister* die Arbeit mit kleinen Dingen übertrieben wichtig nimmt. In der Sinnübertragung entstand dann die Bedeutung, dass jemand durch seine Pingeligkeit geistig engstirnig, kleinlich und geizig ist. Er hat an allem etwa zu bekritteln, auszusetzen. Der *Knister* ist also zunächst einmal jemand, der peinlich genau arbeitet; die Verbform *fistere* bedeutet: etwas auszusetzen haben – *wat zo fistere han*. Durch die Gleichlautung verstärken die beiden Wortteile die Gesamtbedeutung: ein Kleinigkeitskrämer, ein Kritikaster, ein Nörgler (siehe Spohr Affekat S. 99).

dr **Knochebähtes**

Dr Knochebähtes war der Lumpen- und Knochenhändler der Düsseldorfer Altstadt mit Vornamen *Bähtes*, das ist: Lambert. Es ist typisch rheinisch, Vornamen mit Eigenschaften zu versehen (siehe im Anhang: Vornamen mit Eigenschaften).

Mach dech ene **Knot** en de Nas!

Mach Dir einen Knoten ins Taschentuch, damit Du die Sache nicht vergisst. Das rheinische Sprachbild ist bestimmter als die standarddeutsche Übersetzung mit dem Taschentuch.

Dat ess ne belleje **Köbes**.

Den Händler, der auf Jahrmärkten seine Waren billig verkaufte, nannte man: *ne belleje Köbes*, auf Standarddeutsch: ein billiger Jakob. Jakob, rheinisch *dr Köbes*, muss deshalb für diesen typisch rheinischen Ausdruck herhalten, weil viele Jahrmärkte um den 25. Juli stattfanden, an dem der Namenstag des hl. Jacobus gefeiert wird (siehe im Anhang: Vornamen mit Eigenschaften). Der Bedeutungsrahmen hat sich heute auf alle Händler und Discounter übertragen, die Waren billig verkaufen.

De **Koh** hät verjesse, dat se e Kälvke wor.

Er hat den Bodenkontakt verloren. Er stammt aus einfachen Verhältnissen, meint aber jetzt, etwas Höheres zu sein. Diese Feststellung trifft der Rheinländer mit der Kuh, die vergessen hat, dass sie einmal ein Kälbchen war. Die Aussage wird gerne für Emporkömmlinge, auch für Politiker gebraucht, die den Kontakt zum Volk verloren haben.

Dat jeht op kinn **Kohhuut**.

Der ursprüngliche Sinn dieser Wendung ist heute nicht mehr bewusst. Wenn jemand jegliches Maß in seiner Handlungsweise oder im Umgang mit anderen Menschen verloren hat, dann ergibt das den heutigen negativen Sinn. Im Mittelalter wurde Pergament zum Schreiben aus Kalbs- oder Schafhäuten hergestellt, selten aus der härteren Kuhhaut. Es gab die Vorstellung, dass der Teufel immer sofort zur Stelle war, wenn der Tote auf der Bahre lag, um ihm sein auf Pergament geschriebenes Sündenregister vorzuhalten. War das sehr lang, dass es noch nicht mal auf eine minderwertige große Kuhhaut passte, *dat et nimmieh op en Kohhuut jing,* dann war der Tote ein schlimmer Sünder und er war des Teufels. Die heutige Bedeutung ist: Die Sache ist unbeschreiblich, unglaublich.

Kohldamp deue

Kohldampf schieben, großen Hunger haben, Hunger leiden, das sind die Bedeutungen dieses Ausdrucks, der nichts mit dem Gemüse Kohl zu tun hat. Der Ausdruck ist eine Zusammensetzung der Wörter *Ko(h)l* und *Damp*. Beide Wortteile bedeuten »Hunger«. Sie entstammen dem Rotwelschen und der Gaunersprache (siehe Kluge Etym. WB S. 512, Duden Univ. WB S. 1014); die Tautologie verstärkt die Bedeutung. *Deue* bedeutet: schieben, drücken.

Hä ess (domet) zo **kohz** jekomme.

Er ist benachteiligt worden. Er hat zu wenig erhalten. Wäre er eher gekommen, hätte er mehr erhalten. *Hä wor ävens nit fröh jenoch do.* Der Ausdruck stammt aus der Soldatensprache und meint eigentlich, dass der Soldat nicht genug Pulver bekommen hat und deshalb zu kurz, also nicht weit genug geschossen hat.

dr **Köhzere** trecke

Der bildhafte Ausdruck heißt wörtlich übersetzt: den Kürzeren ziehen, den kürzeren Stab ziehen. Wer im Spiel bei der Vergabe der Plätze im Losverfahren den kürzeren Stift gezogen hatte, hatte einen schlechteren Ausgangsplatz. *Hä hät dr köhzere Pinn jetrocke*. Übertragen wurde daraus, dass einer in einem Wettbewerb, bei einer Bewerbung, bei einer Vorstellung keine Chance hatte, also infolge seiner ungleichen Ausgangssituation schon verloren hatte.

dat **kölsche** Metz

Ein stumpfes Messer, mit dem man nicht mehr ordentlich schneiden kann, nennt man in Düsseldorf *e kölsch Metz*. Mit solch einem stumpfen Messer kann man aber noch bis nach Köln reiten. *Met so e Metz kannste nix mieh schniede, äwer noch noh Kölle riede!* (Siehe Spohr Affekat S. 107.)

kölsche Wisch, kölsche Wäsch

Schnelles, oberflächliches Putzen, vor allem dann, wenn unerwarteter Besuch kommt, nennt der Düsseldorfer *ne kölsche Wisch mahke*. Das schnelle morgendliche Waschen, »die Katzenwäsche«, heißt auf Düsseldorfer Rheinisch *de kölsche Wäsch*. Warum »schnell« in diesem Zusammenhang »kölsch« heißt, werden wohl nur *de flotte, nit eso pingeleje* Kölner erläutern können (siehe Spohr Affekat S. 107).

Brett vör em **Kopp** han.

Nichts verstehen, begriffsstutzig sein, wie ein Ochse, dem man mit einem Brett vor dem Kopf die Sicht genommen, gestutzt hat, um ihn gefügig zu machen, damit er geradeaus geht. Diesen bildhaften Ausdruck gibt es auch im Standarddeutschen.

Wat mr nit em **Kopp** hät, moss mr en de Föß han.

Was man nicht im Kopf – *em Kopp* – hat, muss man in den Füßen haben – *en de Föß han.* Das Sprachbild bezeichnet die Tatsache, dass man, wenn man etwas (zu Hause) vergessen hat, zurückgehen muss, um das Vergessene zu holen, und dann den Weg zu Fuß nochmal machen muss. Die Füße müssen die Vergesslichkeit im Kopf ersetzen.

Hä brengt sech öm **Kopp** on Krare.

Der rheinische Ausdruck besagt, dass jemand sich durch sein unvorsichtiges Verhalten um seine Existenz bringt oder diese gefährdet. Der Ursprung des Begriffs geht auf die Hinrichtung durch das Schwert zurück.

Do kanns Dech op dr **Kopp** stelle on met de Been Hurrah schreie.

Die Redewendung ist gebräuchlich, um jemandem klar zu machen, dass sein Gegenüber bei ihm nichts erreichen kann, auch wenn er sich auf den Kopf stellt und mit den Beinen herumwedelt. Eine bildhafte Übersetzung im Standarddeutschen ist nicht geläufig.

ne (fiese) **Kotzbrocke**

Das stark abwertende Sprachbild bezeichnet jemanden, der sich höchst unangenehm gebärdet. *Kotze* ist, wenn man Gegessenes herauswürgt (das Erbrochene), und *-brocke* sind eben die Brocken aus dem Inneren, ggf. auch die Schimpfwörter, die jemand von sich gibt. Das Wort Kotze stammt aus dem Mittelhochdeutschen (siehe Kluge Etym. WB S. 535). Der etwas weniger üble Ausdruck lautet: *ne fiese Kähl.*

De besde **Krankheet** döcht nix. / De besde Krankheet ess nix wäht.

Die beste Krankheit taugt nichts, ist für nichts gut, ist nichts wert. Mit dieser Feststellung gibt der Rheinländer den Rat, dass man sich auch vor dem kleinsten Negativum fernhalten soll, egal ob Krankheit oder nicht.

bei eenem en de **Kried** stonn

Wer bei jemandem Schulden hatte, *dä stong bei däm en de Kried*, der stand bei demjenigen in der Kreide. Den Verzehr und die Anzahl der Getränke in einer Wirtschaft schrieb der Wirt oder *dr Köbes* mit Kreide auf die Schiefertafel. Das ist heute noch in der Brauerei »Zum Üerige« in der Düsseldorfer Altstadt üblich. Solange die Zeche nicht bezahlt ist, steht der Gast in der Kreide.

Et jütt sonne on sonne on **Krieevelche**.

Die Krefelder (*Krieevelche*) Jungmänner brauchten unter den Preußen keinen Militärdienst zu leisten, wenn sie in der Krefelder Textilindustrie arbeiteten. Die Krefelder Textil- und Seidenfabrikanten, allen voran die van der Leyen, waren die Textillieferanten und Ausstatter der preußischen Armee und daher auf die männlichen Facharbeitskräfte angewiesen. Die Arbeit in der Krefelder Textilindustrie war ein Ehrendienst. Die

Historie dieser Facharbeit wird heute vom Museum der Krefelder Seidenkultur und von den Krefelder Schlaraffen lebendig gehalten. Die bezeichnende Redewendung besagt im übertragenen Sinn, dass es immer Leute gibt, die etwas Besonderes sind, die (verdientermaßen) Privilegien haben. Das müssen heute nicht unbedingt Krefelder, *Krieevelche*, sein.

Wenn hä nit **kritt**, watte well, ess dr Deuvel loss.

Diese Aussage beschreibt: Wenn er seinen Willen nicht bekommt, ist der Teufel los, gibt es Donnerwetter, Krach oder Streit. Interessant ist, dass bei Unmöglichkeiten, Ungereimtheiten, Unregelmäßigkeiten oft verbal der Teufel eine Rolle spielt.

eene en de **Kron** han

In diesem »ehrenvollen« Sprachbild steht die Krone für den Kopf, auf dem sie bildlich sitzt; beschrieben wird beschönigend der betrunkene Zustand des Zechers.

Küss de hüt nit, küss de morje. / Küsste hüt nit, küsste morje. Äwer komm!

Wenn Du heute Deine Arbeit nicht erledigen kannst, dann musst Du sie morgen tun. Morgen ist auch noch ein Tag. Aber morgen muss es passieren. Im Rheinland soll man nichts übereilen. Rom ist auch nicht an einem Tag erbaut worden: *Mr hät Rom ooch nit an eene Daach henjekritt.*

Et **kütt** emmer angers.

Es gibt immer wieder etwas Neues, und das unerwarteterweise. Man kann nicht alles vorhersehen. Es kommt immer anders. Die

Dinge geschehen immer anders, als vorhergeplant. Der Rheinländer macht sich in seiner Voraussicht immer darauf gefasst.

Von nix **kütt** nix.

Nichts geht von alleine. Ohne Anstrengung gibt es keinen Erfolg; ohne Einsatz kein Gewinn. Man muss immer etwas tun, um Erfolg zu haben. Die Wendung geht zurück auf den römischen Philosophen Titus Lucretius Carus (98–55 v. Chr.): *Ex nihilo nihil.* – Aus Nichts wird Nichts. Auch das Nichts hat einen Ursprung. So kommt die zweite Bedeutung des Ausspruchs zustande: Man brauch sich über nichts zu wundern. Für alles gibt es eine Ursache.

Et **kütt**, wie et kütt.

Es geschieht schon irgendwie, ohne dass man etwas dazutun muss oder kann. Es klappt schon irgendwie. Die Wendung ist die zweite Regel des Rheinischen Grundgesetzes. Der Rheinländer nimmt die Dinge so, wie sie sind.

Nemm et, wie et **kütt**. Watste nit kanns ändere, mosste losse schlendere.

Was Du nicht kannst ändern, musst Du laufen lassen. *Schlendere* bedeutet eigentlich: auf dem Eis rutschen, gleiten. Was einmal ins Rutschen gekommen ist, lässt sich nicht mehr aufhalten. Das Sprichwort beschreibt die rheinische Einstellung zu den Gegebenheiten. Der sprachliche Ursprung von *schlendere* liegt im Mittelniederdeutschen *slendere,* das »langsam gehen«, »gleiten«, »kriechen« bedeutet.

Et ess als öftersch **Kwallem** en de Köch.

Die bildliche Wendung meint nicht, dass es öfter Mal Qualm in der Küche gibt, weil der Herd oder das Ofenrohr nicht dicht sind, sondern beschreibt, dass im Haushalt öfter mal der Haussegen schief hängt, dass es auch mal Krach gibt, also übertragen: Qualm, *Kwallem*.

L

Ehr nemmt et wohl von de **Läbendeje**.

Diese prägnante Redewendung benutzt der Rheinländer gerne, wenn er damit bildhaft ausdrücken will, dass der Händler mit seinen Preisen nicht zimperlich ist. Von Toten kann er ja nichts mehr kriegen.

Dr **Lack** ess af.

Die Glanzschicht auf einem Gegenstand ist abgeblättert, so dass der schöne Schein verschwunden ist. Der Rheinländer überträgt das Bild des abgeblätterten Lacks gerne beschönigend auf das nicht mehr jugendliche Aussehen einer Person, vor allem von Damen, die deshalb viel Farbe auflegen müssen.

Dat ess ne **Lackmeier**.

Er ist ein Betrüger, jemand, der andere hinters Licht, hinter den Lack führt. Die Wendung stammt offenbar aus der Studentensprache: Lack und Wichs, die Glanzseite, hinter der man das Unsaubere, das Betrügerische versteckt. Der Meier ist dabei die betrügerische Person (lat. *maior* – der Größere).

dr **Läffel** afjäve

Wer in einer Gemeinschaft, beim gemeinsamen Essen den Löffel abgibt, stellt sich außerhalb der Gemeinschaft, isst nicht mehr am Tisch gemeinsam mit den anderen, ist im übertragenen Sinn nicht mehr existent. *Dr Läffel*, der Löffel, war ursprünglich das wichtigste Essgerät. Er steht für die lebensnotwendige Tätigkeit des Essens. Wenn jemand diesen Löffel abgeben musste, dann war sein Leben zu Ende. *Dr Läffel afjäve* heißt heute: sterben.

eene op de **Lamp** schödde

Das ist einer der vielen Ausdrücke für trinken, die zumeist beschönigend oder bildhaft sind: *eene kippe, eene köppe, sech eene leeste, sech eene jenähmeje, eene pitsche, eene verkasematuckele, eene pötte, eene nüssele, eene pichele, noch ne Halve drenke, eene süffe*. Das Sprachbild *de Lamp* meint den Kopf, in dessen Mundöffnung man schüttet.

dat **Latzejestell**

Hochgewachsene, lange und hagere, knochige Personen werden wie das Gestell aus dünnen Latten charakterisierend *Latzejestell* genannt. Der bildhafte Ausdruck erklärt sich von selbst (siehe Spohr Affekat S. 126 f.). Er ist nicht beleidigend.

Dat Läve ess jefährlech, sojah lävensjefährlech on hät mieschdens dr Dood am Eng.

Das Leben ist, wie der Rheinländer trefflich feststellt, gefährlich, sogar lebensgefährlich und endet zumeist mit dem Tod. Es gilt, immer vorsichtig zu sein. Sonst passiert etwas.

dat **Letzde**

siehe: Wä en de NAS bohre deht, hollt dat Letzde us sich erus. (→ S. 109)

Hä hät em orendtlech/ördenslech de **Lewitte** jeläse.

Die seit dem 15. Jh. bei uns übliche Redewendung stammt aus dem 3. Buch Mose, in dem Verhaltensregeln für jüdische Priester (Leviten) aufgezeichnet sind, nach deren Lektüre sich bei den Benediktinermönchen Strafpredigten zur Besserung ihres verwilderten Verhaltens anschlossen. Im Standarddeutschen sagt man: »Er hat ihm eine Standpauke gehalten.«, oder: »Er hat ihm ordentlich die Meinung gesagt.«. Die im Rheinischen auch gebräuchlichen übertragenden Wendungen *eene orendtlech dr Kopp / eene dr Pelz wäsche* sind synonyme Ausdrücke.

Mer Zwei trecke an eene **Ling**.

Die bildhafte Aussage heißt wörtlich: Wir zwei ziehen an einem Strick, an einer Leine. Gemeint ist: wir zwei sind einer Meinung.

Vom Höresare on Wiederverzälle koome de **Löje** en de Welt.

Durch Hörensagen und Weitererzählen entstehen Lügen.

ne **Lompehongk**

Der anschauliche Ausdruck hat nichts mit einem Hund zu tun, vielmehr ist damit im Rheinischen ein gemeiner Kerl, ein verkommener Bursche gemeint. Übertragen wird daraus verächtlich: ein verarmter, verschuldeter Mensch. *Ne Lomp* gab es schon im Mittelhochdeutschen als *lump(e)* für einen Menschen in zerlumpter Kleidung. *Dr Lompehongk* wird oft als Schimpfwort gebraucht: *Do Lompehongk!* Auch ein unehrlicher Händler wird als *Lompehongk* bezeichnet.

dat **Loopende**

Die ursprüngliche Bedeutung dieses Begriffes ist: das regelmäßig Wiederkehrende, das laufende Geschäft. Der Ausdruck ist eine Übersetzung des Französischen *le courant* und entstammt der Kaufmannssprache.

eene op'm **Loopende** halde

Die Wendung besagt: jemanden auf dem Laufenden halten; jemanden mit den neuesten Informationen versorgen.

op'm **Loopende** sen

Die Bedeutung des Ausdrucks ist: auf dem aktuellen Sachstand sein und die neuesten Informationen haben.

loss sen

Die Bedeutung hat immer mit »unverschlossen« zu tun: lose, offen, nicht geschlossen, zugänglich sein. *De Pohz ess loss* heißt:

Die Tür ist nicht verschlossen, steht auf. Mit loss verbinden sich eine Reihe von Sinnübertragungen: *Do ess wat loss.* – Da geschieht etwas, da passiert etwas; da ist Betrieb. *Do ess nix loss.* – Da ist es langweilig. Met däm ess hüt nix loss. – Mit dem ist heute nichts anzufangen; er ist nicht gut drauf. *Mach wat loss!* – Stell was an! Tu was!

Löstech jelävt on seelech jestorve hät dem Deuvel de Rechnong verdorve.

Dieses schöne, bildhafte Sprichwort besagt, dass von dem, der vom Leben etwas gehabt hat, der also in Freuden gelebt hat, der Teufel nichts holen kann. Vom lustigen, lebensfrohen Rheinländer hat der Teufel nichts zu erwarten, nichts zu erhalten. Dem Teufel ist dann die Rechnung verdorben.

Do bess wohl bang, de **Lüs** dehde sech verkälde.

Diese bildhafte Redewendung sagt man jemandem, der innerhalb des Hauses oder im Restaurant die Kopfbedeckung nicht auszieht und dadurch die Läuse, *de Lüs*, wärmt.

Lütt

siehe: Dat kannste anger Lütt VERZÄLLE / weeßmahke. (→ S. 149)

Wenn de **Lütt** jeck wähde, fängt et em Kopp aan.

Die aussagekräftige Redewendung ist eindeutig und klingt trotzdem gefällig. Wenn die Menschen verrückt werden, dann fängt es im Kopf an. Man kann die Redewendung auch auf den Karneval beziehen, wo die Leute mit geistvollen Witzen ihren Kopf anstrengen.

Mr süht de **Lütt** op de Kleider, äwer nit dronger.

Man sieht den Leuten nur vor den Kopf. Man sieht nicht, was sie denken. Kleider machen zwar Leute, aber wer da drunter steckt, erkennt man nicht sofort. Die Bildhaftigkeit des rheinischen Sprichworts steht für sich.

eenem en **Luus** en dr Pelz säzze

Jemandem Schwierigkeiten machen, das ist die übertragene Bedeutung der sehr bildhaften rheinischen Redewendung. Die Laus im Pelz steht für den Ärger, der entsteht.

M

Wat wellste do **mahke**?

Füg Dich in Dein Schicksal! Du kannst es doch nicht ändern. Es lohnt nicht, danach zu fragen. Die Wendung ist die siebte Regel des Rheinischen Grundgesetzes.

Mallörke

E Mallörke ist ein Unglücksfall, ein Missgeschick, im übertragenen Sinn auch: ein uneheliches Kind. Das Wort ist vom französischen *le malheur*, Unglück, abgeleitet. Dass der Ausdruck *dat Mallörke* mit dem typisch rheinischen, nördlich der Benrather Linie gebräuchlichen Verkleinerungspartikel *-ke* versehen ist, entspricht der beschönigenden rheinischen Ausdrucksweise, um einen Unglücksfall herunterzuspielen. Steht bei einem *Mallörke* der Vater nicht fest oder soll er verschwiegen werden, dann wird das Kind auch *ne Fisternölles* – vom französischen *fils du (père) Noël* – genannt, also »Sohn des Weihnachtsmanns« (siehe Spohr Affekat S. 132 f.). Das Missgeschick wird dadurch beschönigt (siehe *Fisternölles*).

Manchmol ess emmer.

Egal ob einmal oder öfter. Es passiert immer wieder. Für den Rheinländer gibt es verallgemeinernd kein manchmal. Einmal ist zwar keinmal, aber manchmal ist immer.

Männer döje allemol nit.

Männer taugen alle nichts. Eine solche Verallgemeinerung kann im Rheinland auf alles Mögliche angewendet werden: *Dä schwatte Kaffe deht nix döje.* – Der schwarze Kaffee taugt nichts. *De Schörreskah döcht nix.* – Die Schubkarre taugt nichts. *Die Kenger, die Schellemännekes mahke, döje nix.* – Die Kinder, die Türklingeln machen, taugen nichts. *Krank sin, döcht nix.* – Kranksein taugt nichts. Eigentlich taugt nichts nichts. So einfach sind die Verallgemeinerungen!

de **Mannslütt**

Der Plural von *dr Mann* ist *de Männer.* Wenn aber die Männer als Kategorie, im Allgemeinen gemeint sind, so sagt der Rheinländer *de Mannslütt*. Ähnlich ist es bei den Frauen: de Frau, *de Fraue*. Die Allgemeinform lautet: *de Fraumensche* oder *de Frollütt*. Beispiele: *Bei de Mannslütt jütt et Kähls on Schlofmötze.* – Es gibt unter den Männern Kerle und Schlafmützen. *Bei de Frollütt, bei de Fraumensche jütt et Weiter on ahle Schachtele.* – Unter den Frauen gibt es junge, unverheiratete und alte Schachteln.

Wat dr **Mensch** bruhkt, dat moss hä han.

Die Redewendung besagt, dass jeder das haben muss, was er nötig hat.

Hät ene **Mensch** do Wöhd?!

Der fragende Ausruf lautet auf Standarddeutsch: Hat man dafür Worte?! Das ist doch nicht zu glauben! Mit dem Ausruf drückt der Rheinländer das ungläubige Erstaunen über ein Vorkommnis aus.

Hä verzappt bloß **Mest**.

Was er sagt, ist nur Unsinn. *Dr Mest* steht hier für den geistlosen Unsinn, den jemand verbal aus dem Mund, übertragen aus dem Zapfloch lässt.

Dat ess nit op däm sinne **Mest** jewahse.

Das stammt nicht von ihm. Das hat er nicht erfunden/gemacht. Diesen Bedeutungsrahmen umfasst die aus der Landwirtschaft stammende Redewendung, mit der etwas Unglaubliches umschrieben wird.

Je mieh mr em **Mest** wöhlt (eröm röhrt), ömso mieh deht hä stenke.

Wenn man viel im Sumpf wühlt, kommt auch viel zum Vorschein. Je mehr man im Dreck herumrührt, desto mehr stinkt es. In der Nebenbedeutung: Wer einer dubiosen Angelegenheit auf den Grund gehen will, kann auch selbst zum Opfer werden.

Wenn et **Mode** ess, jeht mr met Klompe en de Kerk.

Die Mode ändert sich und wird immer verrückter. Es gehört zum guten Ton, sich sonntags zum Kirchgang gut zu kleiden. Aber wenn es Mode wird, mit Holzschuhen, *met Klompe*, in die Kirche zu gehen, dann tun es die Leute auch.

Wä zoehsch en de **Möhl** kütt, kritt zoehsch jemohle.

Wer als Erster da, an der Mühle ist, wird als Erster bedient, dessen Mehl wird als erstes gemahlen. Die mittelalterliche Redewendung findet sich im Sachsenspiegel, der Gesetzessammlung des Sächsischen Landrechts, und ist in Rheinland eine gern gebrauchte Redewendung.

Söckste **Mömmesse** en de Nas?

Bohrst Du in der Nase? *Dr Mömmes* ist eigentlich der trockene, in Kügelchen gedrehte Nasenschleim. Diese Redewendung wird vornehmlich im Zusammenhang mit Kindern gebraucht (siehe Spohr Aapefott S. 97).

Däm moss mr de **Mömmesse** us de Nas trecke.

Das nicht gerade appetitliche Sprachbild beschreibt, dass jemand nicht von selbst erzählt, sondern dass man ihn nur mit ständigem Nachfragen zum Sprechen bringt, also ihm die Dinge aus der Nase ziehen muss (zu *Mömmes* siehe das vorige Sprichwort).

Hä redt sech (hä bubbelt sech) dr **Mongk** fusselech.

Er redet ununterbrochen. *Fusselech* ist eigentlich »faserig«. Wenn jemand viel und lang reden muss, um seine Erklärungen anzubringen, um jemanden zu überzeugen, und das zumeist ohne Erfolg, dann kommt das bildhafte Sprachempfinden des Rheinländers zum Einsatz: Er sieht im übertragenen Sinn, wie die Lippen faserig, *fusselech*, werden, vor allem, wenn keiner verstehen will/kann, was er sagt (siehe Spohr Affekat S. 62).

Morjestond hät Jold em Mongk – on Blei en de Fott.

Morgenstund hat Gold im Mund. Das ist sicher richtig. Für den realistischen Rheinländer hat sie aber auch Blei im Hintern, sodass ihm das Aufstehen morgens schwerfällt.

hengerm **Monnd** sen/läve

Wer nicht weiß, wer nicht erkennt, was in der Welt passiert, der ist, der lebt hinter dem Mond, also in wissensmäßiger Dunkelheit. Nach dem Zweiten Weltkrieg gab es in den Zeitungen in Düsseldorf die Reklame: *Met kinn Ziedong lävt mr op'm Mond*

– Ohne Zeitung lebt man auf dem Mond. Mit dem Halten einer Zeitung wollte man verhindern, dass man vom Weltgeschehen nichts erfuhr. Heute bedeutet die bildhafte Wendung: uninformiert, rückständig, unwissend sein.

dr blaue **Monndaach**

siehe: BLAU mahke (→ S. 27)

Wä **Mösche** fange well, moss hösch donn.

Wer Erfolg haben will, muss sich still verhalten, darf nichts ausplappern, muss leise – *hösch* – an die Sache herangehen, sonst sind die Sperlinge weg, *söns send de Mösche fott.* Das typisch rheinische Wort *de Mösch* ist lateinischen Ursprungs: *musca* bedeutet »Fliege«, »Vogel«.

Hä hät **Mösche** onger m Hoot.

Mit dieser bildhaften Wendung meint man denjenigen, der den Hut innerhalb des Hauses nicht auszieht. Ihm wird lustigerweise unterstellt, dass er *Mösche*, also Spatzen, unter dem Hut hütet (siehe Spohr Affekat S. 141).

Us **Motters** Döppe ess joot schöppe.

Aus Mutters Töpfen schöpft es sich immer gut. Bei Muttern schmeckt das Essen immer am besten. Von den Kochtöpfen der Mutter hat sich die übertragene Bedeutung ergeben: Bei der Mutter ist es immer am besten.

Halt doch Dinn **Mull**!

Sei still! Halt Deinen Mund! Halt's Maul! Das lautmalende Wort *mūl* gab es schon im Mittelhochdeutschen des 9. Jh.s in gleicher Bedeutung. Hier zeigt sich, wie spracherhaltend und hochdeutschresistent das Rheinische ist (siehe Kluge Etym. WB S. 609). Wenn der Baas in der Versammlung sagt: *Könnt Ehr mol de Mull halde!*, dann heißt das: Ruhe bitte! Könnt Ihr mal still sein?!

Däm moss mr de **Mull** extra doot schlare, wenn dä emol de Fott zodeht.

Dieser starke, bildhafte Ausdruck beschreibt, dass man der infrage stehenden Person auch noch den Mund totschlagen, also zudrücken muss, wenn sie gestorben ist, wenn sie »den Hintern zugemacht« hat. Die gemeinte Person ist eine lästige Quasselstrippe.

Däm/Dr jeht de **Mull** wies de Ente de Fott.

Diese lebendige, bildhafte Redewendung bezeichnet jemanden (Mann wie Frau), der den Mund nicht stillhalten kann und ständig redet, also, um im Bild zu bleiben, dem der Mund geht wie der Ente der Hintern. *De Fott* stammt vom mittelhochdeutschen *vūt* ab und hat sich in der Mundart in seiner ursprünglichen Bedeutung erhalten (siehe Spohr Affekat S. 59).

Mach de **Mull** zo! Söns jütt et Dörchzoch.

Red nicht so viel! Sonst zieht es. Offener Mund macht viel Wind. Wer viel redet, macht auch viel Wind. Der Mund ist im Düsseldorfer Raum *de Mull*.

Hä ess ärch **mullfuul.**

Er ist verdammt sprechfaul. Er bringt kaum einen Ton heraus (siehe Spohr Affekat S. 144). Das ist der Bedeutungsrahmen des sehr gebräuchlichen Sprachbildes.

Wä de **Musick** hät bestellt, moss och jrad stonn för et Jeld.

siehe: JELD (→ S. 68)

N

Näcke Hännes

Eine Blutwurst, der man zum Essen die Pelle abgezogen hat, bezeichnet der Rheinländer als *Näcke Hännes*, wörtlich der »nackte Johannes«. Die enthäutete Blutwurst verzehrt er genussvoll kalt mit Mostert und Zwiebelringen, *met Öllekrengskes*, und mit einem Glas Altbier (siehe Spohr Affekat S. 146).

Nem **Näcke** kammer nit en de Täsch packe.

Wer nichts hat, von dem kann man nichts bekommen. Ein Nackter hat keine Taschen. Das Sprachbild ist so einleuchtend, dass sich jede weitere Deutung erübrigt.

Wä en de **Nas** bohre deht, hollt dat Letzde us sich erus.

Dieses starke Sprichwort steht für jemanden, der alles gibt, der ohne viel zu fragen immer zur Verfügung steht.

eenem op de **Nas** erömriede

De Nas steht in diesem Sprachbild zwar für das ganze Gesicht und damit für den ganzen betroffenen Menschen, dem Rheinländer genügt es aber, auf der Nase herumzureiten, womit er verstärkt sagt, dass man mit der infrage stehenden Person machen kann, was man will.

Ech könnt Dech allerhangk önger de **Nas** rieve.

Ich könnte Dir manches sagen. Selbst im Streit hält sich der Rheinländer immer etwas zurück. Er lässt dem Gegenüber gern rücksichtsvoll eine Türe offen. Darum das konditionale »könnte«.

Se hant mech de Dör/Pohz vör de **Nas** zojeknallt.

Mit dieser Aussage wird zu verstehen gegeben, dass man von einem nichts mehr wissen will. *De Dör* oder *de Pohz* ist die Tür, die zugeschlagen wird, um den Kontakt abzubrechen.

Do bess ne **Nassauer**.

Gemeint ist hier jemand, der auf Kosten anderer lebt und gern bei anderen am Tisch mitisst. Zu der im Rheinischen sehr beliebten Redewendung gibt es viele Deutungsversuche. Nichts zu tun hat *dr Nassauer* mit der Stadt Nassau. Die Herleitung aus dem Jiddisch-Rotwelschen ist die wahrscheinlichste. *Nass* ist der geldlose Mensch; *nassenen* ist: machen, tun, schmarotzen (siehe Stern WB Jidd. S. 151). Demgemäß heißt die abwertende Redewendung: Du bist ein Schmarotzer, ein Laumann.

Dat jeht mech an de **Neere.**

Dem sprichwörtlichen Ausdruck liegt die im Mittelalter verbreitete Annahme zugrunde, in der Niere sei der Sitz der Gefühle, auch der Liebe. Wurde ein Ehebrecher überführt, schnitt man ihm zur Strafe die Niere aus dem Leib. Die Strafe ging ihm also an die Niere. Im Rheinland hat sich diese Wendung bis heute erhalten für jemanden, der sehr mitgenommen, sehr aufgeregt, mit seinen Gefühlen hin- und hergerissen ist (siehe Duden Redew. S. 553).

Ehr sidd wohl vom Stamme **Nimm!?**

Mit dieser bildhaften, mehr scherzhaft gemeinten Frage will der Rheinländer zu verstehen geben, dass der Händler, der Kaufmann oder die Marktfrau es von den Lebendigen nimmt, so wie es im Alten Testament stehen soll (was aber nicht stimmt!). Einen Stamm Nimm gibt es nicht. Aber wenn man etwas auf die Bibel bezieht, dann kann es nicht so schlimm sein.
Die Redewendung kann man auch auf andere Personen beziehen, denen man etwas geschenkt hat, die aber noch mehr haben wollen.

Nimm watte kreeje kanns!

Dieser rheinischen Aufforderung entspricht das lateinische *Carpe diem*, jener Ausspruch des römischen Dichters Quintus Horatius Flaccus (65–8 v. Chr.), der wörtlich heißt: Pflücke den Tag. Der mundartlichen Fassung entspricht sinngemäß das Standarddeutsche »Nütze die Zeit«.

Nix rejelt sech von selver.

Nichts geht von alleine, von selbst. Ohne Einsatz gibt es nichts, denn von nix kütt nix (siehe *Von nix kütt nix.*).

Nonneföhzkes

Das kleine Karnevalshefegebäck in rundlicher Form, das einseitig spitz zuläuft, nennt man im Standarddeutschen »Muze« oder wegen seiner Form auch »Muzemandel«. Im Rheinischen gibt es dafür den liebevollen bildhaften Ausdruck *dat Nonneföhzke*, was eigentlich »kleiner Furz einer Nonne«, also »heilige Blähung« oder »Darmwind der Klosterfrau« bedeutet. Zu dem rheinischen *dr Fohz* gehört das Diminutiv *dat Föhzke*. Wenn der Darmwind entweicht, kann dabei auch ein wenig Konsistenz entfleuchen, das die Form eines *Nonneföhzkes* haben kann. In Düsseldorfer Traditionsbäckereien sind die sehr beliebten *Nonneföhzkes* in der Karnevalszeit erhältlich (siehe Spohr Affekat S. 149). Den liebevollen rheinischen Ausdruck gibt es auch in ähnlichen Schreibvarianten in anderen Dialekten. Dass das Gebäck zuerst von Nonnen gebacken wurde, ist eine liebevolle Deutungsvariante. Übrigens: im Französischen ist der mittelniederdeutsche Ausdruck des 14. Jh.s als *pet-de-nonne* seit 1795 gebräuchlich.

Nötzt et **nix**, dann schädt et och nix.

Was nichts nützt, schadet auch nichts. Wenn dem so ist, dann kann es auch nicht schlimm sein, dann braucht man auch nichts tun. Die Redewendung beschreibt die konditionale Unschädlichkeit zweier Gegensätze.

O

dr **Ochs**

siehe: Dr KLÖJERE jifft noh, säht dr Ochs, on do trock hä aan. (→ S. 87)

Dat jeht em dat eene **Ohr** eren, on dat angere wedder erus.

Er nimmt nicht richtig auf, hört nicht richtig hin, hört nicht, was gesagt wird, und hat es sofort wieder vergessen. Die grammatisch schwierige rheinische Redewendung heißt wörtlich: Das geht ihm zum einen Ohr hinein und aus dem anderen wieder hinaus.

Hä, se hät et knöppelsdeck henger de **Ohr**. Pass do op!

Diesem Sprachbild liegt seit alters her die Annahme zugrunde, dass eine Person, die verschlagen (*met Knöppele*), durchtrieben oder gerissen ist, hinter den Ohren dicke Wülste hat. Der auch im Standarddeutschen übliche Ausdruck heißt: Achtung, aufgepasst! Er/sie hat es faustdick hinter den Ohren.

Öllekzaus met Knubbele

Die in der rheinischen Küche beliebte leckere Zwiebelsoße mit Fleischstückchen wird so genannt. *Öllek* ist im Rheinischen die Zwiebel, und in Zaus steckt die französische Soße: *la sauce*. Die Fleischstückchen, *de Knubbele*, können aber auch in der Suppe sein.

Ömmesons ess dr Dood.

Das Sprachbild gibt wieder, dass man für alles zahlen muss. Nur den Tod kriegt man umsonst.

Hä ess **onjekälkt** usjetrocke.

Er ist ausgezogen, ohne die Wohnung zu streichen, ohne zu renovieren, hat sie ungekälkt hinterlassen. Diese Redewendung bezog sich ursprünglich auf Mieter, die auszogen, ohne ihrer vertraglichen Renovierungspflicht nachzukommen. Die übertragene Bedeutung heute ist: Er ist weggegangen, ohne vorher seine Arbeit zu beenden, seine Pflicht zu erfüllen.

Ee **Onjlöck** kütt selde alleen.

Das sagte die junge Frau und bekam Zwillinge, *on do hät se Zwellenge jekritt*. Man muss die Dinge immer humorvoll sehen. Und das tut der Rheinländer. Er macht immer das Beste daraus. Dann ist das Unglück nicht so groß, auch wenn es doppelt kommt.

Mr moss de **Oore** opdonn odder dr Büdel.

Wer nicht aufpasst, wer seine Augen nicht aufmacht, muss zahlen. In dieser bildhaften Redewendung steht der Beutel, *dr Büdel*, für das zu zahlende Geld. Der Ausspruch gilt auch im Straßenverkehr.

Dat ess äwer e **Oos**!

Das Mädchen ist ein schlimmes Luder. Das schon im althochdeutschen *âs* belegte Wort bedeutet: Aas, Fraß der Greifvögel. Es wird heute im Rheinischen und im Umgangssprachlichen gern als bildhaftes Schimpfwort gebraucht.

Die süht äwer **opjedonnert** us.

Die sieht aber unmöglich herausgeputzt aus. Diese im Grunde genommen negative Beschreibung einer Frau, die sich aufdringlich gekleidet hat, hat nichts mit dem Donner zu tun. In dem Wort Donner verbirgt sich vielmehr das spätlateinische *donna* aus *domina*, das im Rheinischen für eine hochgestellte Frau steht. Wenn eine Frau aus dem Volke sich wie eine *Donna* kleidet, *dann ess die opjedonnert*.

Opjestange

siehe: Opjestange, PLAZZ verjange! (→ S. 121)

Opjewärms schmeckt ooch (noch) joot.

Auch aufgewärmtes Essen schmeckt. Besser aufgewärmtes Essen als gar keins. Bei Hunger schmeckt auch Aufgewärmtes. Dazu gehört auch das Aufgewärmte aus der Mikrowelle. Das sind die Bedeutungen des einprägsamen Ausdrucks.

Dä stenkt noh Jeld wie e Ferke noh **Ottekolong**.

Diese sehr bildhafte Feststellung beschreibt den unbeliebten Händler, der vor Geld stinkt, der mehr hat, als er braucht, der Geld hat wie Mist und danach stinkt. Das Sprachbild des Stinkens nach Geld, *noh Jeld*, ist abwertend gemeint und wird durch das *Eau de Cologne* beim Ferkel, *dat Ottekolong beim Ferke*, noch verstärkt.
Übrigens: Die von Kurfürst Johann Wilhelm angeworbene florentinische Familie Caesar Farina (1750–1829) betrieb in Düsseldorf eine Riechwassermanufaktur. Das Familiengrab befindet sich auf dem Golzheimer Friedhof (siehe Spohr Affekat S. 154).
Beachte: Eigentlich stinkt Geld gar nicht. *Pecunia non olet*. Das war schon bei den Römern so. Der römische Kaiser Titus Flavius Vespasianus (9–79) baute die ersten öffentlichen Toiletten, die Urinatorien, damit es in Rom nicht mehr stank. Wer sie nutzen wollte, musste bezahlen. Die Ansicht, dass Geld stinkt, dass man nach Geld stinkt, so wie der unbeliebte reiche Händler, hat sich gehalten.

P

Pack schlächt sech, Pack verdrächt sech.

Leute mit mangelndem IQ schlagen sich gern, vertragen sich aber auch schnell wieder. Sie brauchen die Schlägerei als Rollenspiel, um sich zu behaupten. Eine weitere Bedeutung der Wendung ist: Streitereien sollte man nicht zu ernst nehmen, schließlich verträgt man sich ja auch wieder.

Dohsch han wie e **Pähd**

Wörtlich übersetzt: Durst wie ein Pferd haben. Das Sprachbild gibt den großen Durst wieder, den jemand hat. Man kann im Rheinischen auch Hunger wie ein Pferd haben: *Honger wie e Pähd han*. Dann hat man eben *Pähdshonger*. Für die Größe des Durstes oder des Hungers muss im Rheinischen die Größe des Pferdes herhalten.

Hä hät ne Kopp wie e **Pähd**.

Er weiß viel. Er hat einen großen Kopf, in den viel Wissen hineinpasst. Die Größe eines Pferdekopfes steht für den Wissensumfang. Dass Pferde im Rheinland oft für die Größe von Eigenschaften herhalten müssen, hängt mit der ehemals ländlichen Struktur der Gesellschaft zusammen.

Hä ess dat besde **Pähd** em Stall.

Er ist der beste Mann in unserem Betrieb. Er hat das größte Wissen von allen. Die Größe und Stärke eines Pferdes stehen für die Leistungsfähigkeit einer Person.

Och e Pähd stolpert on hät doch vier Been.

Vorsicht ist immer besser als Nachsicht. Egal ob auf zwei oder auf vier Beinen. Selbst Pferde können stolpern. Und die haben vier Beine. Vorsicht ist immer angesagt.

eenem wat vom **Pähd** verzälle

Jemandem eine unglaubliche Geschichte, etwas Unwahres erzählen, um einen Vorteil zu gewinnen, so wie es der Pferdeerzähler mit dem Pferd macht, um es z. B. in den Stall zu bekommen.

Vom Ahbiede jonn de stärksde **Pähds** kapott.

Arbeit haut die stärksten Pferde um; gemeint ist anstrengende, harte Arbeit. Das Bild kommt von den Kutsch- oder Postpferden, die nur von Relaisstation zu Relaisstation eingesetzt wurden, um ihre Kräfte zu schonen (siehe *Ahbiet*). In der übertragenden Bedeutung meint der Rheinländer damit, dass man sich nicht mit Arbeit überanstrengen soll.

wat op de **Pann** han

Die Redewendung bedeutet, dass man gut vorbereitet ist und die Dinge in der Hand hat. Sie entstammt der Jäger- bzw. der Militärsprache aus der Zeit, als man zum Schuss Pulver auf der Pulverpfanne des Gewehrs vorbereitete (siehe Duden Redew.). Und wenn man nichts mehr auf der Pfanne hatte, also *nix mieh op de Pann wor*, dann war man erledigt. Heute werden die Wendungen metaphorisch gebraucht und keiner denkt mehr an den militärischen Hintergrund. Zeig, was Du vorbereitet hast: *Zeich, watte op de Pann häss.*

Panz

Mit *Panz* bezeichnet man im Rheinischen bildhaft eine dicke, beleibte, wohlgerundete Person, zumeist männlichen Geschlechts. Der Plural lautet *de Pänz*. Panz geht auf das französische *la panse* zurück, den Pansen der Wiederkäuer; davon abgeleitet bedeutet *la panse* auch: der dicke Bauch, der Wanst, der Schmerbauch. Der Begriff Panz bezeichnet auch den Rumpf bei Mensch und Tier und verächtlich den Unterleib, besonders den Bauch bei beleibten, dickbäuchigen Leuten. Viele Bedeutungen werden bildhaft angewendet und sind im übertragenen Sinn zu verstehen: *met sinne dicke Panz* – mit seinem dicken Bauch; *sech de Panz voll stoppe/haue* – sich den Bauch vollschlagen; *sech e Pänzke aanjefresse han* – sich ein Bäuchlein angegessen haben; *Do kriss dr Panz jehaue* – Du kriegst Schläge; *Dä kann dr Panz nit voll jenoch kreeje.* – Er kann den Hals nicht vollkriegen.

Panz bedeutet auch: kleiner, dickleibiger, missgestalteter, böswilliger Mensch.

In allen Bedeutungsfällen, egal ob wertfrei oder übertragen, bezeichnet *Panz* etwas Dickes, Rundes, Unförmiges. Dass dann darauf unliebsame Eigenschaften projiziert werden, versteht sich von selbst.

Der Plural *Pänz* wird allgemein in verächtlichem Sinn gebraucht und zumeist zur Bezeichnung von ungeratenen, ungezogenen, Ärger erregenden, zumeist männlichen Personen: *freche Pänz, Sau-Pänz, fuule Pänz met ene dicke Buck* – freche Leute, unerzogene Kerle, faule Säcke mit dickem Bauch.

Darüber hinaus gibt es den Begriff *Panz* auch zur Bezeichnung von rundlichen und runden Sachen. Auch der Panzer ist ein unförmiges Ding und geht etymologisch auf den Begriff *Panz* zurück (siehe Spohr Affekat S. 157 f.).

Siehe auch *Penz*.

Dä hät sech ne orendtleje **Panz** aanjefresse.

Er hat sich eine dicke Wampe angegessen, angefressen. Die hat ihn ordentlich viel Geld gekostet.

Penz

Dr Penz ist ein kleiner Junge. Die Form ist im Singular wie im Plural gleichlautend: *dr Penz, de Penz. Penz* leitet sich ab von *Penning/Pennich*, neuhochdeutsch Pfennig, was soviel bedeutet wie kleine Münze (Geld), kleines Stück, kleiner, kurzer Stift, ein Pinn, ein Holzkeil. Im Angelsächsischen wird daraus Pence, im Singular: *Penny* – ein kleines Münzstück.
Der bildhafte Ausdruck ist in jedem Fall ein wertfreier Begriff, der in der Erweiterung die kleinen Kinder im Allgemeinen umfasst. Wendungen: *De Penz von de Citta send Nohloope am speele.* – Die Kinder von der Citadell-Straße spielen Nachlaufen. *Dat send onse Penz.* – Das sind unsere kleinen Kinder. *Dat send röseje Penz.* – Das sind liebe Kinder.
Im Düsseldorfer Rheinisch haben die folgenden Wendungen mit Plural-Formen negative Bedeutung: *Do häs äwer Penz!!* – Du hast aber schlimme Kinder!! *Freche/fiese/fuule Penze, die verdammte Penze.* – Freche/schlimme/faule Kinder, verdammte Kinder. Hier wird an *Penz* gerne zur Verstärkung ein e angehängt. Gekreuzt hat sich *Penz* gelegentlich mit dem negativ belegten, jiddisch-rotwelschen *Pennes,* Pennbruder (siehe Spohr Affekat S. 158).
Die Begriffe *Pänz* und *Penz* sind homophon, also gleichlautend. Darin liegt äußerlich die Schwierigkeit der Schreibung. Dieser Schwierigkeit kann man aber elegant aus dem Weg gehen, wenn man das auf *Panz* zurückgehende, zumeist negativ besetzte *Pänz* mit ä, was etymologisch angemessen ist, und *Penz* mit e schreibt, was sich ebenfalls etymologisch begründen lässt.

Hä hät de **Pimpernell** jekritt.

Er hat die Geduld verloren. *Wer de Pimpernell kritt*, kann wegen der Handlungsweise ärgerlicher Zeitgenossen ausrasten. Die Bezeichnung ist vom Französischen *la pimprenelle*, die Pimpinelle (Doldengewächs), ins Rheinische gewandert. Von dem Doldengewächs, das im Wind zittert, hat sich die Bedeutung ausrasten, nervös werden, zittern übertragen.

Ping

siehe: De WELT ess voller Ping. On jedereene hät de Sinn. (→ S. 152)

Bess doch nit eso **pingelech**!

Oder im Plural: *Sidd doch nit eso pingelech!* Der Ausdruck geht auf Konrad Adenauer in seiner Funktion als Oberbürgermeister von Köln zurück. Er äußerte ihn 1960 im Kölner Stadtrat, als er mithilfe der KPD eine Mehrheit für den Wiederaufbau der Hohenzollernbrücke zustande brachte. Auf Standarddeutsch: Seid doch nicht so empfindlich/kleinlich! (Siehe Spohr Affekat S. 168 f.) An diesem Ausdruck zeigt sich, wie lebensnah die rheinische Sprache das Standarddeutsche bereichert.

Lommer ons noch eene **pitsche**.

Lasst uns uns noch einen genehmigen, sagt man, wenn man vom Stammtisch noch nicht nach Hause gehen will. *Pitsche* ist eine rheinische Variante für trinken. Im Kräuterlikör »Killepitsch« steckt dieses Wort auch drin (siehe Spohr Aapefott S. 111). *Pit-*

sche wird in der Regel vom Düsseldorfer nur für das Trinken von *Schabau*, also Korn, *Sammettkrare* oder *Killepitsch* gesagt, sonst hört man: *drenke, pötte, spöle, eene verkasematuckele, eene löte, eene öle, eene tüte, eene henger der Krawatt kippe.* Diese bildhaften Trinkwörter sollen das Trinken beschönigen. Das kann dann doch nicht so schlimm sein.

Opjestange, **Plazz** verjange!

Wer seinen Platz in der Reihe verlässt, hat den Platz verwirkt. Die Redewendung ist auch im Standarddeutschen üblich: Aufgestanden, Platz vergangen!

Plüschprumm

Im Rheinischen gibt man sich mit der einfachen Bezeichnung »Pfirsich« nicht zufrieden, sondern bedient sich des weichen Soseins der Kernfrucht. Der Ausdruck besteht aus zwei Teilen: *Plüsch* und *Prumm. Plüsch* bedeutet Samt. Die Oberfläche des seidig behaarten Pfirsichs fühlt sich samtig an, daher spricht man bildhaft von *Plüsch*. Der Wortteil *Prumm* bezeichnet die Pflaume und leitet sich aus dem Niederländischen bzw. aus dem Französischen ab: *la prune*. Der Wortteil *Plüsch* findet sich auch in *Plüschaap, Plüschsoffa* u. a. (siehe Spohr Affekat S. 176 und Spohr Aapefott S. 113 f.).

de **Pohz**

siehe: Se hant mech de Dör/Pohz vör de NAS zojeknallt.
(→ S. 109)

Hä hät et **Polver** nit erfonge.

Das Sprachbild besagt, dass die geistigen Mittel des infrage stehenden Menschen beschränkt sind. Er ist einfach dumm. Sonst hätte er das Pulver, das Schießpulver, erfinden können. Das Rheinische kennt für dieses aus dem Militärbereich stammende Sprachbild keine positive Aussage.

op'm **Pott** koome

In diesem Sprachbild gibt es keine Aufforderung, auf die Toilette zu gehen, obwohl scheinbar mit *Pott* verbal darauf hingewiesen wird. Der Rheinländer gibt hier den eindringlichen Hinweis an den vortragenden Redner, endlich mal zur Sache zu kommen. Wendungen: *No komm ens endlech emol op'm Pott!* – Nun komm endlich zum Thema! *Dr Baas kütt en sinn Aansproch nit op dr Pott.* – Der Vorsitzende kommt in seiner Ansprache nicht zur Sache.
Der Pott, *dr Pott*, ist ein uraltes merowingisch-römisches Wort für das rheinische Trinkgefäß (für Wein). Und das ist auch hier gemeint. Wenn der Baas in seiner Rede endlich zum Thema kommt, kommen die Zuhörer zum Pott, *op'm Pott*, und können den *Pott* heben und auf die Gesundheit anstoßen, also *pötten*.

Dat ess **Pott** wie Deckel.

Das ist egal, will sagen: Es ist gleich, ob der Topf einen Deckel hat oder nicht. Wichtig ist, dass man mit dem Topf oder der Kanne, also dem *Pott* etwas transportieren kann.

Jedereen **Pöttche** fengt e Deckelche.

Jeder findet einen, seinen Lebenspartner. Das Sprachbild *Pott – Deckel, Pöttche – Deckelche* ist typisch rheinisch. Was auf die

Lebenspartner zutrifft, ist sprachlich auch die erweiterte Bedeutung der Redewendung: Es gibt für alles eine Lösung.

Probeere ess mieh als wies Stodeere.

Der mundartlichen Wendung entspricht die deutsche »Probieren geht über Studieren«. Der Bedeutungsrahmen umfasst: Man muss das Beste ausprobieren, um Erfolg zu haben. Theorie allein bringt nichts. Praxis ist mehr wert. Der Handwerker weiß, wie es geht. Der Studierte kennt nur die Theorie.

Met däm mahke mer kohze **Prozess.**

Mit dem verfahren wir, ohne lange zu fackeln, ohne Rücksicht, ohne Bedenken. Mit dem wird energisch, rücksichtslos verfahren. Die Wendung wurde der Gerichtssprache entlehnt. Prozess steht für »Rechtsstreit«.

Puckel

siehe: Leever ne dicke BUCK vom Suffe als wie ne Puckel vom Ahbiede. (→ S. 32)

Hä kann mech dr **Puckel** erafrötsche.

Dieses Sprachbild ist eine Aufforderung, die man aber praktisch nicht umsetzen sollte. *Dr Puckel* steht hier für den Rücken. Das standarddeutsche Wort »Buckel« ist vom altfranzösischen *le boucle* über das mittelhoch-deutsche *buckel* entlehnt und bedeutete ursprünglich die aufgebogene Mitte des Schildes. Die bildhafte Redewendung besagt, dass der Kontrahent machen kann, was er will; ich beachte ihn aber nicht, auch wenn er mir den Rücken herunterrutscht.

sech kromm on **puckelech** lache

Ausgelassen, überaus freudig lachen und sich dabei drehen und wenden. Das Lachen ist so laut und stark, dass der ganze Körper, auch der Rücken, *dr Puckel*, mit einbezogen wird.

Hä ess ene **Pusseerstängel.**

Er ist ein charmanter Liebhaber. Damit ist zwar die Bedeutung trocken übersetzt, aber dass der Liebhaber dabei auch *et Häzzblättche ess*, der Allerliebste, das Herzblättchen ist, wird in der wörtlichen Übertragung nicht klar. Eine Liebschaft unterhalten, mit jemandem (verliebt) gehen, das ist der Bedeutungsrahmen des Verbs *pusseere*. Das Wort ist zwar vom französischen *pousser*, »drücken«, »stoßen«, »vorantreiben«, entlehnt, hat aber im Französischen nicht (mehr) die Bedeutung, die es im Rheinischen erhalten hat (siehe Spohr Aapefott S. 117). *Dr Stängel* ist der aufrechte, große Junge, im Gegensatz zum *Knubbel*, dem kleinen dicklichen Jungen.

Q

Siehe auch unter K: Kw (→ S. 96)

Queckselver en de Fott.

Das zähflüssige Schwermetall Quecksilber steht wegen seiner beweglichen Eigenschaft im übertragenen Sinn für »lebendig«, »unruhig«, was sich in den folgenden Wendungen ausdrückt: *Dä*

Wibbelstähz hät Queckselver en de Fott. – Der Unruhegeist hat Quecksilber im Hintern. Kinder, die nicht stillsitzen können, *hant Queckselver en de Fott.* Man nennt sie *Wibbelstähz*, weil sie auf ihrem Sitz hin- und herrutschen, sich bewegen wie der Schwanz, der Sterz eines Hundes oder einer Ziege.

R

Dä **Radau** / dat Spektakel mäkt eene rammdösech.

Der bildhafte Ausdruck *rammdösech* erinnert an das laute Einrammen von Pfählen, das einen benommen, betäubt macht. Das uralte Wort *dösech* beschreibt das gleiche Empfinden, r*ammdösech* ist also tautologisch. Eine adäquate standarddeutsche Übertragung gibt es nicht, allenfalls: betäubt, benommen.

de **Radiskes** von onge aankicke

Diese bildhafte, scherzhafte Wendung heißt eigentlich: gestorben sein und deshalb die Radieschen von unten ansehen müssen. Der Ausdruck ist liebenswerter als der standarddeutsche Ausdruck »tot sein«. Wendung: *Jezz moss hä sech de Radieskes von onge aankicke.* – Nun ist er schon tot.

Do hammer dr **Räje**!

Nun haben wir den Salat. Das hätten wir verhindern können, aber nein! Nun haben wir die Bescherung! Das Sprachbild *dr Räje,* der Regen, beschreibt das vermeidbar Eingetretene.

Leever **Ratte** em Keller als de (puckeleje) Verwandtschaff ze Huus.

Mit dem bildhaften Sprichwort wird die Verwandtschaft bezeichnet, die (bei einem Besuch) lästiger werden kann als Ratten im Keller.

Die **rede** öwer Dood on Düvel.

In der bildhaften Feststellung wird über alles und nichts geredet. In bildlichen Darstellungen baut der Rheinländer gerne den Teufel ein, wenn er die Ausschließlichkeit betont. Wendung: *Hä hät kinn Angs vör'm Düvel.* – Er fürchtet nicht den Teufel.

Hä **redt** vell, wenn dr Daach lang ess.

In diesem Sprachbild spielt es keine Rolle, dass der Betreffende nur dann (viel) redet, wenn der Tag lang ist, denn jeder Tag hat seine Länge. In dem Sprachbild muss nicht unbedingt der Tag als solcher gemeint sein. Der Tag steht hier für die Länge einer Rede, einer Ansprache, bei der der Redner kein Ende findet. Der übertragene Sinn ist: Er redet viel Inhaltsleeres – und das ununterbrochen.

op de **Reih** sen

Diese aus der Soldaten- bzw. Schützensprache stammende Redewendung besagt, dass eine Kompanie gut aufgestellt ist. In der Erweiterung wird daraus, dass auch Sachen, Angelegenheiten ordentlich sind oder in Ordnung gebracht werden – e*n de Reih brenge* (siehe *Hä ess op Zack.*).

Dä kotzt wie ne **Reiher**.

Er übergibt sich und würgt den Mageninhalt heraus, wie es die Reiher zu tun pflegen. Tatsächlich würgen Reiher aus dem Kropf die verschluckte Nahrung heraus, um damit ihre Jungen zu füttern. Das sprichwörtliche Sprachbild beschreibt jemanden, dem kotzübel ist.

Wat **reiht** ess, ess reiht!

Der typisch rheinische Ausruf steht für das Verständnis, dass man jemandem billigerweise entgegenzubringen hat. *Et ess, wie et ess.* Die Sache ist eben so und nicht anders. Im Standarddeutschen könnte man ausrufen: Alles, was Recht ist!

Se föhrt zo Huus et **Rejiment**.

Wie im Militär die Männer das Regiment führen, so haben Frauen zu Hause das Sagen, dem sich der Mann unterzuordnen hat bzw. widerspruchslos unterordnen muss. Wendung: *Die Frau föhrt bei em zo Huus et Rejiment.* – Bei der Frau hat er nichts zu sagen.

Dä hät en **Retuerkutsch** jekreeje.

Die Retourkutsche war in der Zeit der Postkutschen die billigere Fahrweise genauso wie der Fahrschein »Aller und Retour«. Wer das gebucht hatte, konnte mit denselben Pferden billiger als mit neuen zurückfahren. Der übertragene Sinn heute ist: Er musste seinen Vorwurf, seine Beleidigung zurücknehmen.

Wäm nit ze **rode** ess, däm ess nit ze helpe.

Das auch im Standarddeutschen übliche Sprichwort besagt: Es gibt Leute, denen kann man raten, was man will; die nehmen nichts an. Ihnen ist nicht zu helfen. *Wat sommer do mahke?* – Nix.

Ech **röhr** för Dech kinne Fenger mieh.

Ich tu für Dich keinen Schlag mehr. Vor mir kannst Du nichts mehr erwarten. Ich helfe Dir nicht mehr. Den Finger für jemanden nicht mehr bewegen/rühren, das ist das rheinische Sprachbild für diese Redewendung.

Dat send röseje Blare.

siehe: Dat ess e rösech KENGK. (→ S. 83)

Hä **pickt** sech emmer de Rosengskes us de Taht.

Er holt sich immer die Rosinen aus dem Kuchen, aus der Torte. Das ist zwar die direkte standarddeutsche Übersetzung. Der Rheinländer meint damit aber, dass jemand sich immer nur das Beste aus einer Sache herausholt.

Ne joode **Rötsch**!

Dieser bildhafte gute Wunsch zum neuen Jahr entstammt der im Jüdischen zum Neujahr gebräuchlichen Wunschformel, die volksetymologisch umgedeutet wurde. Sie hat also nichts mit »rutschen« zu tun, sondern heißt: Guter Wunsch zum neuen Jahr! (Siehe Stern WB Jidd. S. 169).

S

Et jütt **Sache**, Denger, die jütt et nit.

Diese typisch rheinische Redewendung für etwas, das erstaunt, verdutzt, überrascht, ist eigentlich ein Widerspruch in sich. Dadurch wird aber die Aussage eindringlicher. Sachen gibt's, die gibt es gar nicht!

Wat De nit sähs! / Watte nit sähs!

Mit diesem Ausruf will der Sprecher seiner Überraschung, seinem Erstaunen freudig Ausdruck verleihen: Was sagst Du da? Unglaublich!

satt bes onger de Ärm

Bis unter die Arme satt. Viel gegessen haben und deshalb vollständig satt sein. Das Sprachbild bezeichnet den Sättigungsgrad, wenn *nix mieh erin jeht*. Der Düsseldorfer sagt dann auch: *Hä ess bucksatt*. In den Bauch passt nichts mehr hinein.

Mr moss rongkeröm **satt** wähde, söns hät dat janze Esse kinne Senn.

Diese zielgerichtete Aussage des Rheinländers zum Essen entspricht seiner praktischen Einstellung zu den Dingen und damit auch zum Essen. Wenn man nicht rundum satt wird, hat das Essen keinen Sinn. Dann soll man gar nicht erst damit anfangen.

en jesengte Sau

Eine solche Sau ist nicht etwa eine versenkte Sau, sondern eine solche, der man die Marke eingebrannt hat, die man also gesengt hat. Des Brennschmerzes wegen quiekt und schreit die Sau und läuft wild umher. Daraus wurde im übertragenen Sinn: Er benimmt sich wie eine gesengte Sau, also unkontrolliert. Auf das Autofahren bezogen sagt der Rheinländer auch: *Hä fährt wie en jesengte Sau.*

ne Saunickel

In dieser typisch rheinischen Wortbildung stecken *de Sau* und *Nickel*, also das Schwein und die Kurzform des Vornamens Nikolaus. *Ne Saunickel* ist ein unordentlicher Mensch, der schon äußerlich ungepflegt ist. Das Sprachbild gehört in die Gruppe der rheinischen Bildungen mit Vornamen wie: *stieve Drickes, näcke Hännes, Kuschelöres* (siehe Spohr Affekat S. 255 f. und im Anhang: Vornamen mit Eigenschaften). *Dr Nickel* gilt im Rheinland als eigensinniger, unbeliebter Typ. Kein Wunder, dass sich mit *Nickel* eine Reihe von unschönen menschlichen Eigenschaften verbinden: *Saufnickel* (Saufbold); *Fiesnickel* (besonders gemeiner Fiesling). Unser *Saunickel* steht für: widerwärtiger Mensch, Dreckskerl, Drecksack.

Die ess en rechtije Schandarm.

Sie ist befehlerisch. Sie ist ein Mannweib. Sie gibt den Ton an. Ihrer Anordnung hat selbst der Ehemann zu folgen. Der Ausdruck leitet sich ab von dem Ordnungshüter, französisch: *Gendarme*, dessen Befehlen, Anordnungen man zu folgen hat. Die Bedeutung wurde wirkungsvoll auf eine weibliche Person übertragen. Synonym: *Die hät de Bucks aan.*

Hä hät sinn **Schäppkes** em Dröje.

Er hat seine Schiffe im Trockenen. Irrtümlicher Weise wird diese Wendung oft mit »Er hat seine Schäfchen im Trockenen« übersetzt. Die Schäfchen sind aber *de Schöpkes.* Das Sprachbild bezieht sich auf die Schiffe, die die Schiffer vor dem Hochwasser auf den Deich, also ins Trockene gezogen haben. Der sprachliche Bedeutungshintergrund ist: Er hat vorgesorgt, hat also sein Vermögen sicher angelegt, in Sicherheit gebracht. Die Wendung kann auch etwas abwertend gebraucht werden: Er hat sich einen gewissen Vorteil verschafft.

eenem de **Schau** kläue

Auch wenn der Rheinländer nicht viel für das Theater übrig zu haben scheint, so ist bei ihm diese Redewendung, die ursprünglich eine Übersetzung aus dem Englischen (*show*) ist, sehr beliebt. Gemeint ist: jemanden überlisten, ihm den Erfolg streitig machen, sich in Szene setzen, sich auf Kosten eines anderen in den Mittelpunkt rücken.

Schellemännekes

Ein bei Kindern sehr beliebter Streich ist das Klingeln an allen Drückern auf dem Klingeltableau an Haustüren; danach heißt es lachend weglaufen. Dieses Klingeln heißt auf Rheinisch: *Schellemännekes mahke. De Schell* ist die rheinische Entsprechung zur Klingel. De Männekes ist das Diminutiv Plural von »Mann«. *De Männekes* sind in diesem Sprachbild die »kleinen Männer«, also die Kinder (siehe Spohr Affekat S. 197). Die Schulkinder der Schule in der Citta haben bei diesem Streich Übung. Der Autor hat diesem Spiel noch als Student erfolgreich gefrönt.

Schess han

Der Ausdruck, den es auch in der Schreibweise *Schiss* gibt, heißt auf Standarddeutsch: Angst haben. Die ursprüngliche Bedeutung ist »Scheiße haben«. Und wenn man die vor lauter Angst in der Hose hat, dann *hät mr Schess* (siehe Spohr Affekat S. 198). Schon im Mittelhochdeutschen war der Ausdruck als *schiz* gebräuchlich.

Jezz hammer dr **Schlamassel**.

Eine verfahrene, schwierige, verworrene Situation, in die man hereingeraten ist, auch das Durcheinander, die Unordnung, all das ist *Schlamassel*. Der rotwelsch-jiddische Ausdruck ist seit dem 18. Jh. belegt, wobei sich *schlam-* bedeutungsmäßig mit dem deutschen »schlimm« gekreuzt hat. Daher wird *Schlamassel* auch gerne mit zwei m (*Schlammassel*) geschrieben (siehe Stern WB Jidd. S. 188 f.). Massel ist das unverdiente, unerwartete Glück, ähnlich dem *Dussel*, das durch Unbill ver-schlimm-ert, ver-*masselt* wird. Diese ins Rheinische gewanderte jiddisch-rotwelsche Wendung ist in der Mundart sehr beliebt (siehe Spohr Affekat S. 199).

Nix ess zo **schleiht**, öm för jett joot ze sen.

Nichts ist so schlecht, dass es nichts Gutes hat. Dieses aussagekräftige Sprichwort beschreibt den leichtlebigen Charakter des Rheinländers, der in seiner Gemütlichkeit Zank und Streit vermeidet und vieles harmlos nimmt. Er entwaffnet seinen Gegner lieber mit einem schlagfertigen Scherz als mit einer heftigen Entgegnung. Für ihn sind die Dinge leichter, als sie sind. In etwas Schlechtem findet sich immer noch etwas Gutes. Das Schlechte kann nicht so schlecht sein, als dass es nicht noch etwas Gutes in sich hätte: *Nix ess eso schleiht, als dat nix Joodes mieh drin ess.*

ne joode **Schlock** för ne joode Dohsch

Einen großen Durst kann man nur mit einem guten Schluck stillen. Mit *ne joode Schlock* ist natürlich nicht nur ein Schluck gemeint.

Hä ess ne joode **Schlupp**.

Dr Schlupp ist eigentlich der Pantoffel. Dieses Wort deutet auf die Häuslichkeit und die Gutmütigkeit des, bildlich gesehen, schluppentragenden Ehemannes hin, mit der dieser hier charakterisiert wird. *Ne joode Schlupp* ist aber im Düsseldorfer Raum auch allgemein eine treuherzige Seele.

Dat **schmeckt** noh mieh.

Die Speise, besonders der Nachtisch oder der Kuchen, schmeckt so hervorragend, dass man davon mehr haben möchte. Der höfliche Rheinländer sagt nicht: *Ech meut mieh dovon han* – Ich möchte mehr davon haben, sondern *dr Kohke* oder *dr Dessär schmeckt noh mieh*. Mit dieser Feststellung lobt er die Hausfrau und erhält dann noch ein Stück.

Dä Kohke **schmeckt** so joot, dat mr sech dran krank on wedder jesond esse kann.

Der Kuchen schmeckt einmalig gut. Das rheinische Sprachbild beschreibt sehr eindrucksvoll die Wirkung des Kuchens, was der Köchin / der Hausfrau indirekt zum Lob gereicht. Wenn man sich am Kuchen krank isst, dann ist er doch so gut, dass man davon auch wieder gesund wird, also sich wieder gesund essen kann.

Schmu mahke

Der jiddisch-rotwelsche Ausdruck bezeichnet das schmeichelnde Geschwätz, die schöngefärbte Versprechung in betrügerischer Absicht, um einen Vorteil zu erlangen, um jemanden übers Ohr zu hauen. Ursprünglich bezeichnete er das wortreiche Gerede, mit dem jüdische Händler ihre Ware anpriesen, schönredeten und den Kunden zu überreden suchten (siehe Stern WB Jidd. S. 194; Rh. WB Bd. 7, S. 1517). Dieses Schönreden wirkt immer unglaubwürdig. Wendung: *Hä mäkt als wedder sinne Schmu.* – Er redet die Sache wieder schön.

Schnee

siehe: HÜT ess morje dr Schnee von jester. (→ S. 64)

Bess vörsechtech! Verbrenn Dech nit de **Schnüss** do draan!

Sei vorsichtig! Halt Dich da raus, sonst verbrennst Du Dir (noch) den Mund dran! Sei vorsichtig mit dem, was Du sagst. Es könnte sonst fehlinterpretiert werden und Dir schaden. Die bildhafte Wendung fordert dazu auf, sich nicht in thematisch heiße Angelegenheiten einzubringen. Das rheinische Wort *de Schnüss* steht für den Mund und hat sich aus dem mittelniederdeutschen *snūt*, Schnute, gebildet, das mit dem niederländischen *snuit* verwandt ist (siehe dazu Kluge Etym. WB S. 819).

Dä ess eso voll **Scholde**, wie ne Hongk voll Flüh.

Das vergleichende Sprachbild veranschaulicht durch die Einbeziehung der Hundeflöhe die Menge der Schulden, die jemand hat. Die

Übersetzung ins Deutsche lautet: Er hat so viele Schulden wie ein Hund Flöhe. Er kann sich vor lauter Flöhen nicht mehr retten.

Wat ess minn **Scholdechkeet**?

Diese Redewendung sagt der Rheinländer, wenn er vornehm etwas zahlen will. Die Frage nach der Schuldigkeit ist vornehmer als das profane Zahlen, *Zalle*, das fast ausschließlich im Zusammenhang mit Steuern gebraucht wird: *Stüere zalle*. Als Variante gibt es: *Wat moss ech bleche*?

Hä ess dat schwatte **Schop**.

In der Familie, in der Firma, in einer Gruppe, egal in welcher Gemeinschaft gibt es immer jemanden, der sich nicht einfügen kann oder aus der Rolle fällt. Der ist das schwarze Schaf, *dat schwatte Schop* oder *dat schwatte Schöpke*. Die Wolle von schwarzen Schafen ist weniger nutzbar, daher will der Schäfer lieber weiße Wolle scheren – er kann sie am besten verkaufen. Das Sprachbild stammt aus dem Alten Testament (1. Mose 30.32).

e jedöldech **Schöpke**

Die ess e jedöldech Schop meint: Sie ist eine geduldige Person, geduldig wie ein Schaf. Und wenn sie dabei noch besonders lieb ist, dann benutzt der Rheinländer liebenswerterweise den Diminutiv: *Se ess e jedöldech Schöpke*. Der liebevolle Ausdruck ist sowohl für erwachsene Frauen als auch für kleine Kinder gebräuchlich.

Hä hät si **Schöpke** jeschore.

Das Sprachbild hat nur noch wenig mit einem Schaf zu tun, das jemand geschoren hat. Aber mit dem Verkauf der Wolle hat derjenige ein gutes Geschäft gemacht. Das gute Geschäft ist der heutige übertragene Sinn. *Dat Schöpke* ist das Diminutiv von *dat Schop.*

Hä rücht noh de **Schöpp.**

Er ist totgeweiht. Das Sprachbild zielt auf die Schüppe, die Schaufel des Totengräbers ab, der damit schon am Grab wartet.

Hä frisst wie ne **Schüeredrescher.**

Der aus der Landwirtschaft stammende Ausdruck bezeichnet jemanden, der mit großem Appetit isst bzw. große Portionen verzehrt, wie dies die Drescher nach getaner, körperlich schwerer Arbeit tun. Das Verb *esse*, essen, ist hier noch durch *fresse (hä frisst)*, das sich eigentlich auf Tiere bezieht, verstärkt. *De Schüer* ist das aus der geernteten Ähre mit dem Dreschflegel herausgeschlagene, gereinigte Korn.

Dat ess ne **Schwadernör(es).**

Er ist ein Vielredner, ein Phrasendrescher (siehe Spohr Affekat S. 210 f.). Den Ausdruck hat der Rheinländer dem italienischen *squadrone* bzw. dem französischen *l'escadron* entlehnt. Im Standarddeutschen wird daraus »Schwadron«. Hier zeigt sich, wie sprachlich weitreichend die rheinische Sprache ist. Das Rheinland ist historisch ein Durchgangsland, in dem sich viele Kulturen getroffen und ihre Sprache eingebracht haben: Latein, Italienisch, Französisch, Jiddisch, Hebräisch, Rotwelsch, Polnisch und nicht zuletzt germanische Sprachen wie das Englische, Niederländische, Flämische.

Schwamm dröwer

Wenn der Kellner, *dr Köbes*, in der Wirtschaft mit dem Schwamm über die Schuldenstriche auf der Tafel strich, dann war die angekreidete Trinkschuld des Gastes gelöscht, so wie heute noch in der Brauerei »Zum Uerige«.

Selver esse mäkt satt.

Selbst essen stillt den Hunger, macht also satt. Man soll deshalb das Essen nicht anderen überlassen.

De fönnef **Senne** send: Föhle, Höre, Kicke, Rüche on Schmecke.

Die fünf Sinne sind: Fühlen, Hören, Sehen, Riechen und Schmecken.

Hä moss emmer sinne **Sennef** dobei donn.

Diese Redewendung, die aus der Senfstadt Düsseldorf stammen könnte, ist eigentlich ein Vorwurf. Der Gemeinte muss immer etwas anmerken, ohne dazu aufgefordert zu sein. Die Herkunft des seit dem 9. Jh. schriftlich wie lautend in der Mundart gleich gebliebenen Wortes *senef*, Senf, ist nicht bekannt. Schade drum! Bei Mostert wäre das klar (siehe Spohr Affekat S. 142). Aber die Wendung lautet nicht auf Mostert.

Jedem et **Sinneje**; dann kritt dr Deuvel nix.

Jedem das Seine; dann kriegt der Teufel nichts. Wenn jeder den ihm zustehenden Teil bekommt, was gerecht ist, dann bleibt für den Teufel nichts übrig. Zur Bekräftigung einer Aussage baut der Rheinländer gerne den Teufel ein. Der Ausdruck hier entstammt einer Schrift des römischen Politikers und Staatsphilosophen Marcus Tullius Cicero (102–43 v. Chr.): *iustitia in suo cuique.* Der Rheinländer hat nur noch den Teufel eingebaut.

sech op de **Söck** mahke

Als es noch keine festen Lederschuhe gab, bzw. als sich die einfachen Leute solche Schuhe nicht leisten konnten, ging man *op de Söck*, lief man auf den Socken. Das waren halbschuhartige Fußbekleidungen aus festem Stoff. Die alte Redewendung bedeutet heute: sich schnell entfernen, weggehen. Dabei ist dem Rheinländer egal, auf welcher Art von Schuhen das geschieht.

Spar wat, dann hässte wat. Hässte wat, dann besste wat.

Das Sprichwort ist eine auf die Zukunft gerichtete Ermahnung zum Sparsamsein. Wer spart, hat was. Wer was hat, der ist was, der stellt was dar. Wer mit Geld umgehen kann, hat Erfolg.

Wat mr **spart** an dr Mongk, frisst de Katz on dr Hongk.

So bildhaft lebendig dieses Sprichwort auch ist, so hat es doch einen ernsten Hintergrund. Hund und Katze kriegen in der Regel die übrig gebliebenen Speisereste, also die, die man sich vom Mund abspart, nicht gegessen hat. Man soll also nicht am Essen sparen, weil es sonst andere tun.

Wat **Spass** an de Freud moss mr schon han!

Ein bisschen Freude im Leben muss man schon haben. *Spass an de Freud* ist eine typisch rheinische Wendung; sie charakterisiert die Leichtlebigkeit des Rheinländers. Arbeiten allein macht das Leben nicht lebenswert.

E besske zo **spät** ess vell zu spät.

Zu spät ist zu spät, egal ob ein bisschen oder viel; da gibt es nichts zu deuteln.

Speck on Schmaht send von een Aht.

Speck und Hunger gehören zusammen. *Schmacht* ist im Mittelniederdeutschen *smacht*, der Hunger, den man leidet – und der kann nur mit kraftgebendem Essen, hier Speck, gestillt werden. Insofern gehören Speck und Hunger zusammen. Man schmachtet danach.

Speck on Schwaht send von een Aht.

Speck und Schwarte sind von gleicher Art. Diese mundartliche Redewendung ist viel anschaulicher als die standarddeutsche Version: Gleich und Gleich gesellt sich gern. Sie ist eine Variante der vorigen.

Hä hät bloß **Spökes** em Owerstövke.

Er hat nur Unsinn im Kopf. *Dat Owerstövke* ist die Diminutivform von *de Owerstov*, der bildhafte Ausdruck für den Kopf; und *Spökes* ist der spielerische Unsinn, der Quatsch (siehe Spohr Affekat S. 217 f.).

Dat ess ne **Spröcheklopper**.

Er liebt gerne Sprüche. Er ergeht sich häufig in leeren Sprüchen. Die Wichtigkeit der Rede unterstreicht der Redner, indem er häufig laut auf den Tisch oder das Pult klopft.

Hä deht sich **staats** mahke. Hä jeht op dr Schötzeball.

Er macht sich fein; er zieht sich prächtig an. Er geht auf den Schützenball. In diesen Aussagen steckt zunächst *staats*, das »sehr fein angezogen«, »herausgeputzt«, »gutaussehend« bedeutet, ein Adjektiv, das es im Standarddeutschen nicht gibt. Das dazu gehörende Substantiv ist *dr Staat*, deutsch: die Pracht. Hier einige Wendungen mit *staats: Dat Lisa hät sech för de Fier staats jemaht.* – Elisabeth hat sich für die Feier herausgeputzt. *De Schötze send staatse Kähls en ehr Unniform.* – Die Schützen sehen in ihren Uniformen prächtig aus. *Dä Koenens Nölles ess ne staatse Kähl.* – Herr Arnold Koenen ist ein feiner Herr.
Der Grundbegriff »Staat« mit der Bedeutung »Putz« und »Pracht« findet sich im Standarddeutschen nur in Begriffen wie Sonntagsstaat« oder »Hofstaat«, allenfalls noch in »Staatsbankett« und »Staatsbegräbnis«. Der Staatsempfang ist eigentlich kein Empfang des Staates, sondern ein Empfang, zu dem man fein gekleidet, also *staats* erscheint. Und die Staatskarosse ist ein besonders feiner Wagen (siehe Spohr Affekat S. 219).

Stachelditzkes

siehe: Dat Kengk ess e BABADITZKE. (→ S. 21)

Hä ess **stähnharelsvoll.**

Er ist total betrunken. Das Sprachbild besagt, dass der Gemeinte so abgefüllt, so voll ist, dass ihm die Sterne vom Himmel hageln.

ussem **Steechriep**

Die Redewendung, die im Deutschen »aus dem Stegreif« heißt, bedeutet wörtlich: aus dem Steigreifen, aus dem Steigseil, aus dem Steigbügel (siehe Kluge Etym. WB S. 879 f.). Ohne vom Pferd absteigen zu müssen, verlasen die Kuriere der Herrschaften die Botschaften. Der heutige Sinn des Sprachbildes ist: ohne Vorbereitung, sofort, unmittelbar. Das Rheinische hält dafür auch noch die dem Französischen entlehnte Form *us de Lamäng* vor.

Wä **stenke** well, moss fohze könne.

Das starke Sprichwort meint: Wer sich durchsetzen will, muss auch mal auf den Tisch hauen, damit seine Rede gehört wird. Wer sich Gehör verschaffen will, muss auch zu ungewöhnlichen Maßnahmen, eben: *Fohze*, Furzen, greifen. Marktschreier müssen laut sein, sonst hört sie keiner.

ne **Stenkstiwel**

Ein riechender, stinkender Stiefel. Gebraucht wird der Ausdruck für eine Person, die griesgrämig, übellaunig, ungehobelt ist. Es ist typisch rheinisch, eine Sache, einen Gegenstand mit einem Charakteristikum auf eine Person zu beziehen, vgl. z. B. *Stronzebüdel* oder *Zankappel.*

Hä **stenkt** noh Jeld …

siehe: Dä stenkt noh Jeld wie e Ferke noh OTTEKOLONG. (→ S. 115)

stieve Drickes

Ein ungeschicktes Kind, eine ungelenke, steife, unbewegliche Person, egal ob körperlich oder geistig, all das beschreibt das Sprachbild. Diese Form der Charakterisierung ist typisch rheinisch. Der Rheinländer verbindet gerne menschliche Charakteristika mit Vornamen: *dicke Tönnes, schäle Äu, Saunickel, Prahlhännes, Piefehännes, Schnövpitter,* etc. (siehe Spohr Affekat S. 253 f. und im Anhang: Vornamen mit Eigenschaften).

stonsfoß / stonds **Foß** / stantepeh

Den Ausdruck, den es in verschiedenen Schreibvarianten gibt, hat das Rheinische vom Lateinischen *stante pede*, stehenden Fußes, entlehnt. Es ist in der Bedeutung »sofort«, »ohne zu warten«, »unmittelbar«, »ohne Verzug«, »umgehend« gebräuchlich. Wendungen: *Nu jeht doch nit eso stonsfoß!* – Nun geht doch nicht schon! *Mer mösse dat stonsfoß donn.* – Wir müssen das umgehend erledigen. (Siehe Spohr Aapefott S. 150.)

Hä hät **Storm** en de Bud.

Natürlich hat der Gemeinte keinen richtigen Sturm im Haus, aber das Sprachbild beschreibt im übertragenen Sinn den unruhigen Zustand, den Krach, den jemand zu Hause erlebt, wenn er Ärger (gemacht) hat. Dass dabei auch *de Brocke fleeje könne*, versteht sich am Rande. Als Synonym gibt es auch: *Hä hät Kwallem en de Bud / en de Köch.* (Siehe: *Et ess als öftersch Kwallem en de Köch.*)

Stronz(e)büdel

Ne Stronzbüdel, auch *ne Stronzebüdel*, ist ein Angeber, ein Aufschneider, ein Prahlhans, in gewisser Weise auch ein Wichtigtuer. Das Verb *stronze* in dieser typisch rheinischen Wortform bedeutet: von sich lobend, rühmend, prahlerisch erzählen; erzählen, was man (nicht) hat; Wind machen, aufschneiden, also strunzen. Der Wortteil *Büdel* ist die übertragene Bezeichnung für den Beutel, in dem jemand etwas verborgen trägt – hier: angeberische Geschichten. Die folgenden bildhaften Wendungen sind charakteristisch: *Ne Stronzbüdel deht sech ene Deu aan.* – Ein Angeber stellt nur sich heraus. *Ne Stronzebüdel hät mieh vom Läve.* – Ein Prahlhans hat mehr vom Leben. (Siehe Spohr Affekat S. 224 f.)

Do hilleje **Strühsack!**

Der Ausruf drückt das ungläubige Erstaunen, die Betroffenheit über einen Vorfall aus, ähnlich wie: *Do hilleje Bimbam!* Natürlich gibt es keinen heiligen Strohsack oder einen heiligen Bimbam, aber bei unglaublichen Ereignissen wird gern ein Heiliger angerufen, auch wenn es den nicht gibt. Hierher gehört auch *Jesses Marie!*

Hä ess (ärch) **suer.**

Er ist (sehr) verärgert. Er reagiert sauer auf die Entscheidung. Wenn dem Rheinländer etwas gegen den Strich geht, dann kann er deswegen *ärch suer wähde*, arg sauer werden. Dass dieser Ausdruck mit der sauer gewordenen Milch zu tun hat, läge nahe, ist aber noch nicht geklärt.

suere Kappes

Der typisch rheinische *suere Kappes* ist das Sauerkraut, das kleingeschnitten und zur Haltbarmachung in einem *Kappesfass* eingelegt wird; als winterliche Speise wird es gern mit Eisbein und Würsten genossen. Im Elsass wird daraus sprachlich *Surkrut*, woraus die Franzosen *choucroute* gemacht haben.

Et kann jede sovell **suffe**, als wies sinne Mare kann verdrare.

Dieser Spruch ist das Motto der Alde Düsseldorfer Bürgergesellschaft 1920 e. V. für den Jahreskommers. Er ist keine Aufforderung zum Trinken, sondern der Ratschlag, nur so viel zu trinken, wie der Magen vertragen kann.

Hä süfft wie en **Senk** / ne Sack.

Das Bild der Senke wird gern bemüht für jemanden, der viel in sich versenken kann, der viel in sich hineingießen kann: Er trinkt, säuft wie ein Loch. Das altdeutsche Wort *senk* bedeutet »Vertiefung«. In der gleichbedeutenden Redewendung steht der Sack, in den auch viel hineinpasst, in dem man auch viel versenken kann. Dabei spielt es sprachbildlich keine Rolle, dass der Sack aus Leinen ist.

Hä ess en **Suffüll.**

En Üll ist ein Trinkgefäß (siehe Spohr Affekat S. 233), lateinisch: *olla*. Das Sprachbild meint, dass die infrage stehende Person ein Trunkenbold ist.

So **sühste** us!

Das sagt man zu jemandem, der einem etwas erzählen will, das er selber nicht glaubt. In dieser bildhaften imperativen Feststellung steckt auch drin: Das meinst Du aber nur; da bist Du aber ganz schön auf dem Holzweg; ich tu doch das, was ich will.

T

wat op'm **Tapeh** brenge

Der Ausdruck hat nur indirekt etwas mit der Tapete an der Wand zu tun. Gemeint ist hier der grüne Stoffbelag auf dem Verhandlungstisch. In der bildhaften Redewendung wird eine Sache, ein Thema zur Verhandlung auf den Tisch, für den *dat Tapeh* steht, gebracht, also besprochen und verhandelt. Wendung: *Dat Thema ess op'm Tapeh jekoome.* – Das Thema wurde verhandelt, besprochen. Etymologisch stammt *Tapeh* vom lateinischen *tapetum*, dem Wandteppich, ab.

Do häst wohl nit all **Tasse** em Kass.

Du bist wohl nicht bei Sinnen, bei Verstand. Du hast wohl nicht alle Sinne beisammen. Diese Übersetzungen geben das rheinische Sprachbild mit den Tassen im Schrank, *em Kass*, nur sehr unvollkommen wieder.

ne **Törek** mahke

Dieser ins Rheinische übernommene Ausdruck entstammt der Einweihungszeremonie des Kaiser-Wilhelm-Kanals (Nord-Ostsee-Kanal). Für jede Nation, die bei dieser Feier 1895 ein Schiff durch den Kanal schickte, spielte das Kaiserliche Marineorchester die entsprechende Nationalhymne. Als das türkische Schiff mit der roten Halbmond-Flagge passieren wollte, fehlten dem Orchester die Noten der türkischen Hymne. Einfallsreich spielte es schnell: »Guter Mond, Du gehst so stille durch die Abendwolken hin.« Die türkischen Offiziellen salutierten im Fez. So wurde der erste Türke gebaut, *on eso wohd dr ehschde Törek jemaht.* Heute bedeutet diese schöne Redewendung: etwas vorspiegeln, etwas aus dem Stegreif tun, etwas so darstellen, als ob es echt wäre.

Dat ess ene **Trittbrettfahrer.**

Früher konnte man ohne Fahrschein bei der Bahn auf dem Trittbrett mitfahren. Heute meint der Ausdruck im übertragen Sinn, dass jemand unangemeldet, ohne zu bezahlen, an einer Veranstaltung teilnimmt und von denselben Vorteilen profitiert wie die ordentlichen Teilnehmer. Man könnte auch sagen: *Dat ess ne Laumann.*

de **Tröht**

Der lautmalende Ausdruck steht für eine Röhre, auch für ein Blasinstrument, mit dem man röhrende Laute erzeugen kann. Wer mit einem solchen Instrument spielt, ist *ne Tröhtemann.*

Kleinkinder, die am Schnuller lutschen, nuckeln, nennt der Rheinländer *Tröhtenüggel.* Übertragen steht *Tröhtenüggel* ebenso wie *Tröhtemann* auch für einen einfältigen, eintönigen Mann, womit wir bei den großen Blechbläsern wären, die oft nur wenige Töne auf ihrem Instrument zu spielen haben (siehe Spohr Affekat S. 230).

U

Hä ess voll wie en **Üll**.

Die Bedeutung dieses Sprachbildes ist: Er ist abgefüllt, betrunken. Die alte Bezeichnung für den Tonkrug für Bier ist *de Üll.* Dieses Wort hat nichts mit einer Eule zu tun, wenn auch das rheinische Wort für Eule ziemlich gleich lautet und geschrieben wird: *de Üel* oder *de Ül.* Es ist schließlich nicht bekannt, dass Eulen trinken und nach einem übermäßigen Genuss *voll wie en Üll* seien. Das spätlateinische Wort *ola/olla* für »Krug«, »Topf«, heißt im Deutschen aule, woraus mit dem Dehnungs-e *Uel* und im Rheinischen *Üll* wurde. In Düsseldorf war das ein irdenes bauchiges Biertrinkgefäß, blau bemalt, mit einem Griff, also ein Bierkrug (½ Liter). Die korrekte Übertragung des rheinischen Sprachbildes ist: Er ist voll wie ein Krug (siehe Spohr Affekat S. 232 f.).

V

Jlich **Veeh** beleckt sech jähn.

Gleich und gleich gesellt sich gern. Die standarddeutsche Übersetzung ist weniger stark als das mundartliche Sprachbild mit dem gleichen Vieh, das sich gern beleckt. In jedem Fall passen Gleichgesinnte immer gut zusammen.

Do kanns mech nit **veräppele.** / Von Dech loss ech mech nit veräppele.

Du kannst mich nicht veralbern. Ich lass mich von Dir doch nicht mit faulen Äpfeln bewerfen. Das entsprechende standarddeutsche Sprachbild lautet: Ich lass mich von Dir nicht auf den Arm nehmen. Der Begriff *veräppele* bezieht sich darauf, dass der ungeliebte preußische König Friedrich Wilhelm IV. 1848 bei einer Parade auf der Kastanien-Allee in Düsseldorf mit Pferdeäpfeln beworfen wurde; von der Dombaufeier in Köln kommend besuchte er auch Düsseldorf, die Hauptstadt des 1814 preußisch gewordenen Rheinlandes. Die Düsseldorfer wollten sich nicht mit den Versprechungen des Preußenkönigs zufrieden geben – es ging um die Gewerbefreiheit – und haben das mit dem Wurf von *Pähdsäppele* deutlich gemacht, worauf der König die Stadt verärgert verließ. Jemanden, der *veräppelt* wird, trifft die Erkenntnis, dass er nicht ernst genommen (siehe Spohr Affekat S. 234), nicht gern gesehen wird.

Domet kann mr mech nit **verdommdeuvele.** / Ech lott mech von Dech nit verdommdeuvele.

Du kannst mich nicht für dumm verkaufen. Ich lass mich nicht von Dir vorführen. In *verdommdeuvele* steckt sprachlich der Teufel, dem der Betroffene sich nicht verkaufen lässt.

Wä sech op angere **verlösst**, ess selver verlosse.

Im Rheinischen wie im Deutschen ist das Sprichwort das gleiche: Wer sich auf andere verlässt, ist verlassen.

Hör op met däm **Verzäll!**

Hör auf mit Deinem Gerede! Dein Gerede kann man nicht ertragen. Du langweilst uns. Das ist der Bedeutungsrahmen der Redewendung.

Dat kannste anger Lütt **verzälle** / weeßmahke.

Erzähl das anderen Leuten, nicht mir. Das kannst Du anderen weißmachen. Ich glaub es nicht. Ich weiß, dass es nicht stimmt. Bei mir kommst Du damit nicht an.

Hä spellt de ehschde Vijolin.

Dieses musikalische Sprachbild, für das es auch die Version *Hä spellt de ehschde Jeich* gibt, besagt, dass jemand der Mittelpunkt ist, den Ton angibt, als führende Kraft das Sagen hat, die führende Rolle spielt. Im Orchester gibt der erste Geiger den Ton an, nach dem sich alle zu richten haben. Diese spielerische Tatsache hat sich auch auf Unternehmen, Firmen oder Vereine übertragen.

dr **Vorel** afscheeße

Dieses Sprachbild hat nur indirekt etwas mit einem echten Vogel zu tun. Das Brauchtum des Vogelschießens ist auf Kirmes- und Schützenfesten üblich, um den besten Schützen zu ermitteln. Das ist dann derjenige, der den Vogel abgeschossen hat. Übertragen bedeutet der Ausdruck, dass jemand mit seiner Tat sein Ziel erreicht hat, der Beste ist und sich als solcher feiern lässt. Wendung: *Dä Döres hät dr Vorel afjeschosse.* – Theodor ist von allen der Beste.

W

Leever läve met en **Wanz** am Krare als wie doot on ne Kranz op'm Ware.

Lieber leben mit einer Wanze am Kragen als tot mit einem Kranz auf dem Wagen. Diese wörtliche Übersetzung ins Standarddeutsche zeigt zwar den Sachverhalt, gibt aber nicht das humorvolle mundartliche Sprachbild wieder. Die eigentliche Bedeutung ist: Man soll das Leben genießen, solange man lebt. Tote haben nichts mehr vom Leben.

Se hät noh am **Wasser** jebaut.

Dieses Sprachbild hat nicht direkt mit einem Hausbau in Wassernähe zu tun. Gemeint ist vielmehr eine Person, meistens weiblichen Geschlechts, die schnell den Tränen nahe ist, wenn ihr etwas geschieht. Vergleichend wird ein Haus bemüht, das nahe am Rhein, an der Düssel oder an einem anderen Gewässer steht und vom Hochwasser bedroht werden kann. Wasser steht für die Tränen.

Mr moss met däm **Wasser** koche, wat mr hät.

Man muss das nehmen, was man hat. Man muss mit dem auskommen, was da ist. Zufriedenheit ist eine Zier. All das meint die praxisorientierte Redewendung.

Vom **Wasser** kritt mr Lüs em Buck.

Wasser zu trinken ist ungesund. Davon kriegt man nur Läuse in den Bauch. Die Abhilfe dagegen ist Bier oder Wein. Die Redewendung mit den Läusen im Bauch will nur den Alkoholgenuss beschönigen.

Mr sollt meene, hä könnt ki **Wässerke** dröve.

Man sollte annehmen, er könnte kein Wässerchen trüben. Das ist zwar der wörtliche Sinn. Aber das Sprachbild drückt etwas anderes aus, nämlich dass die infrage stehende Person es faustdick hinter den Ohren hat, also keineswegs so harmlos ist, wie sie scheint. Das Sprachbild geht auf die Fabel »Der Wolf und das Lamm« des griechischen Fabeldichters Aesop (6. Jh. v. Chr.) zurück. Der Wolf gab vor, das Lamm gefressen zu haben, weil es das Wasser getrübt hätte; es trank allerdings noch vom Wasser unterhalb des Ortes.

Wat mr nit **weeß**, mäkt eene nit heeß.

Wörtlich übersetzt heißt dieses Sprichwort: Was man nicht weiß, macht einen nicht heiß. Gemeint ist: Nichtwissen lässt einen kalt. Man muss auch nicht alles wissen. Das beruhigt.

So esset en de **Welt**: Dr eene hät dr Büdel, dr angere hät et Jeld.

Dieses schöne bildhafte Sprichwort beschreibt eindringlich die Einstellung des Rheinländers: Man muss sich in sein Schicksal fügen. Hab und Gut sind eben ungleich verteilt. Selten hat jeder den Beutel voller Geld. Meistens hat einer den Beutel und der andere das Geld. *Wat soll mr do mahke? Et ess, wie et ess!*

De **Welt** ess voller Ping. On jedereene hät de Sinn.

Die Welt ist voller Leid. Und jeder trägt seinen Teil, das Seinige. Jeder trägt sein eigenes Leid, sein Schicksal. Auch hier gilt: *Et ess, wie et ess!*

Die sorje doför, dat de **Welt** nit usstörvt.

Das sagt der Rheinländer bewundernd von einer Familie, die viele Kinder hat. Die sorgen dafür, dass die Menschheit nicht ausstirbt.

Mr kann och met Rievkohke **Wengk** mahke.

Diese bildhafte Wendung bedeutet, dass man auch mit nichts Wind machen kann, das heißt, dass Angelegenheiten auch mit viel Wind, also mit viel Aufwand vorgetragen werden können. Der Rheinländer gebraucht dafür gern einen konkreten, malerischen Begriff, hier: *de Rievkohke*, die leckeren Reibekuchen.

Dat kannste ons nit onger de **Wess** deue.

Das kannst Du uns nicht erzählen; das kannst Du uns nicht weißmachen, zuschieben, anlasten, unter die Weste jubeln. Wir haben Deine Absicht erkannt.

Wesse ess joot, äwer Donn ess besser.

Wissen ist gut, aber Tun ist mehr wert. Bei Aktivität setzt man Wissen um. Gewusst-wie kommt durch Tun zur Anwendung.

Dat kannste anger Lütt **wiesmahke**.

Wiesmahke gab es schon im Mittelhochdeutschen als *wīs tuon* in der Bedeutung: »belehren«, »kund tun und zu wissen tun« (siehe Kluge Etym. WB S. 980). Daraus ist dann im 16. Jh. die übertragene Bedeutung entstanden: »vorspiegeln«, »vorschwindeln«. Dieser Sinn ist heute im Rheinischen noch üblich. *Anger Lütt* sind immer die anderen, denen man etwas vormachen kann.

Dat ess mech **Wohsch.**

Da eine Wurst zwei gleiche Enden hat, ist es völlig gleichgültig, wo man sie anschneidet. Davon leitet sich die übertragene Bedeutung ab, dass es egal ist, ob man eine Sache vorne oder hinten anfängt. Wichtig ist nur, dass sie getan wird.

Wohschbröh

siehe: Dat ess KLOR wie Wohschbröh. (→ S. 87)

eenen dörch dr **Wolf** driehe

Diese bildhafte Redewendung hat nichts mit einem richtigen Wolf zu tun, sondern mit der Fleischmaschine des Metzgers, dem Fleischwolf, mit der dieser Fleisch zu Hackfleisch dreht, zerkleinert. Der praktische Sinn hier ist: jemanden geistig klein machen, ihn rücksichtslos behandeln, ihn mit viel pingeligem Kleinkram beschäftigen.

Ech könnt mech manchmol opfresse vör **Woot.**

Dieses bildhafte Sprichwort sagt man, wenn man sich tot ärgern kann, also: auffressen vor Wut.

öwer de **Wupper** jonn

Die Wupper war einmal der Grenzfluss zwischen der Grafschaft Berg und Preußen. Wer zu der Zeit über die Wupper ging, konnte sich dem preußischen Militärdienst und auch der Gerichtsbarkeit jenseits der Wupper entziehen. Übertragen bedeutet das Sprachbild, dass jemand davongekommen ist. *Hä ess öwer de Wupper jekomme.*

X

e X vör e U mahke

Die Redewendung wird gerne benutzt, wenn man jemandem zu verstehen gibt, dass man ihm nicht glaubt. *Do wellst mech bloß e X vör e U mahke.* Im lateinischen Alphabet gibt es für das U und das V ein und dasselbe Schriftzeichen, nämlich das V, ausgesprochen: [u]. Das lateinische Zahlzeichen für Fünf ist ebenfalls das V. Wenn der Kellner in der Kneipe das Zeichen V ankreidete, dann hatte der Gast fünf Bier erhalten und getrunken. Wenn der Kellner nicht honorig war und merkte, dass der Gast nach fünf Glas im Kopf nicht mehr ganz klar war, dann verlängerte er in betrügerischer Absicht das V nach unten, sodass dadurch ein X entstand, also der Wert der römischen Zahl Zehn, mit anderen Worten: der doppelte Verzehr des Gastes. Wenn das der Gast merkte, sagte er dem Kellner: *Mach mech ki X vör e U*!

Dat han ech däm schon x-mol jesaht.

Das habe ich ihm schon tausendmal, sehr oft, gesagt. X ist zwar das römische Zahlzeichen für die Zehn. Doch im Rheinischen steht das X für eine unbekannte Größe, will sagen: Für den Rheinländer ist es egal, ob diese Größe 100, 1000 oder mehr ist. Alles, was über zehn, die zehn Finger der beiden Hände, hinausgeht, entspricht der Größe X.

Z

Hä ess op **Zack**.

Zack ist »ordentlich«, »in Ordnung«, »schnell in der Arbeit«. Wer *op Zack* ist, macht seine Sache gut. Die Redewendung soll vom Militär stammen, wo die Soldaten in die Reihe gebracht wurden. Man kann auch Gegenstände und Räumlichkeiten *op Zack brenge*, also in einen ordentlichen, aufgeräumten Zustand versetzen (siehe Duden Redew. S. 891). Synonyme dazu: *op de Reih sen, op Draht sen.*

anger Lütt dörch de **Zäng** trecke

Über andere Leute insgeheim schlecht reden, das ist die Bedeutung des im Rheinland beliebten Ausdrucks. Dass man mit geschlossenen Zähnen nicht laut über andere sprechen kann, ist gewollt. Die anderen sollen das auch nicht hören.

Do moss mr de **Zäng** zesammebieße.

Da gilt es, Mut zu haben. Da darf man keine Angst haben. Da muss man mit aller Kraft, mit zusammengebissenen Zähnen durch, egal wie.

ne **Zankappel**

Ne Zankappel ist etwas, das zwischen den Parteien zum Streitobjekt wird. Das Sprachbild ist die Lehnübertragung aus dem lateinischen *pomum Eridos*, den goldenen Apfel der Göttin der Zwietracht, Eris, mit der Aufschrift »der Schönsten«. Die Göttin warf im griechischen Mythos auf der Hochzeitsfeier der Thetis und des Peleus den Apfel unter die Gäste, worauf zwischen den schönen Göttinnen Hera, Aphrodite und Athene der berühmte Streit ausbrach, den Paris als Schiedsrichter entschied, indem er den Apfel der Aphrodite übergab (sie hatte ihm als Lohn Helena versprochen; als Paris mit Helena durchbrannte, hatte dies den Trojanischen Krieg zur Folge). Im übertragenen Sinn kann auch eine Person *ne Zankappel* sein (siehe Kluge Etym. WB S. 1002). Zwei Personen, die sich streiten, werden *Zankäppel* genannt.

Schloss! **Jezz** ess dr Zappestrich.

Im Dreißigjährigen Krieg soll General Albrecht Wenzel Eusebius von Wallenstein (1583–1634) den Akt des Zapfenstreichs eingeführt haben: Zu einem bestimmten Zeitpunkt am Abend, nämlich dann, wenn das Signal ertönte, wurde der Zapfen in die Fässer gestrichen (= geschlagen). Damit waren die Fässer geschlossen, das Trinken beendet, und die Soldaten hatten in ihr Lager zurückzukehren. Das mittelhochdeutsche *zapfe/zappe*, der Fassstopfen, wird mit *strīch*, Schlag, verbunden zu *dr Zappestrich*, woraus im Standarddeutschen der Zapfenstreich wird. Aus dem Signal wurde die Abschlussmusik und in heutiger Zeit das Verabschiedungskonzert mit der Aufforderung zum Gebet und der Nationalhymne am Ende offizieller Feste. Der Große Zapfenstreich – *dr Jroote Zappestrich* – wird mit Fackeln auch zum Ende des Großen Schützenfestes auf der Oberkasseler Wiese bzw. am Rathaus gegeben.

eenem en **Ziehjah** verpasse / en Ziehjah verpasst kreeje

Dass die Herkunft dieses bildlichen Ausdrucks ungeklärt ist, vermag den Sinngehalt nicht zu schmälern: jemanden rügen, zurechtweisen, tadeln. *Dr Baas hät dem Liehrjong en Ziehjah verpasst.* – Der Chef hat dem Azubi die Meinung gesagt. Es war früher üblich, dass Baase, Chefs, Meister, Zigarren rauchten, was ihnen sichtbar die Autorität erhöhte. Vielleicht haben sie dem Lehrjungen nach der Standpauke eine solche zum Trost verpasst. Ob der Lehrjunge die dann geraucht hat und ob sie ihm geschmeckt hat, ist nicht erheblich für die Bedeutung der Redewendung.

Wä nit kömmt zo de rechte **Ziet**, dä moss esse wat öwerech blievt.

Dieses Sprichwort ist auch im Standarddeutschen gebräuchlich. Es stellt dar, dass man zum Essen immer pünktlich sein muss. Wer zu spät kommt, darf sich nicht beklagen, wenn er nichts mehr (zu essen) bekommt.

Vom Härjott kütt de **Ziet**. Von de Lütt (kütt) bloß de Iel.

Diese Feststellung sagt uns Menschen, dass Eile nichts bringt. Zeit ist wertvoller als Hetzen. Der Herrgott hat die Zeit gemacht. Von den Menschen stammt die Eile.

de **Zimp** hänge losse

Die Bedeutung dieses Sprachbildes ist: ein langes Gesicht machen/ziehen. Eigentlich: die Unterlippe, *de Zimp*, herunterziehen. Wenn eine Sache einem nicht gefällt und man seinem Missfallen sichtbar Ausdruck verleihen will, dann *deht mr de Zimp hänge losse*, dann zieht man ein langes Gesicht.

Ess en Fleech en de **Zupp**, lott se schwemme! Et ess nit Friedaach.

Ist eine Fliege in der Suppe, ist das nicht schlimm, solange es nicht Freitag ist. Freitag ist nämlich kein Fleischtag. Freitags darf man kein Fleisch essen. So war es damals. Heute würde man sagen: *Een Fleech ess och Fleesch. Besser een Fleech als jah ki Fleesch.* – Besser eine Fliege in der Suppe als gar kein Fleisch. Der Rheinländer macht eben aus allem das Beste.

Sprüche zu Speis und Trank

Gerne folge ich Anregungen aus der Leserschaft, in einer gesonderten Auflistung rheinische Sprüche zum Thema »Essen und Trinken« zusammenzustellen. Diese Sprüche charakterisieren die rheinische Lebensart hinsichtlich ihrer Sprachbilder und freudevollen Formulierungen.
Die Seitenangaben verweisen auf die entsprechenden Erklärungen im Hauptteil.

Selver esse mäkt satt.
Opjewärms schmeckt ooch (noch) joot.
Dat schmeckt noh mieh.
Mr moss rongkeröm satt wähde, söns hät dat janze Esse kinne Senn.
Mr soll nit mieh esse, als wie mr met Jewalt erenpröffe kann.
Esse on Drenke halde dr Liev on de Seel zesamme.
Besser en Luus em Pott als wie jah ki Fleesch (dren).
Wat dr Buer nit kennt, dat frisst hä nit.
Dä hät sech ne orendtleje Panz aanjefresse.
Do mösse mer eene drop drenke.
Ne joode Schlock för ne joode Dohsch.
Et jeht nix öwer ne rechtije Dohsch.
Lommer ons noch eene pitsche.
Lommer noch ne halve drenke.
Vom Wasser kritt mr Lüs em Buck.
Op een Been kammer nit stonn.
Eene jeht noch eren.
Et kann jede sovell suffe, als wies sinne Mare kann verdrare.
Die hant sech ordenslech eene op de Lamp jeschött.
Hä süfft wie en Senk / ne Sack.
Morjens nit nöchter, meddaachs besüselt on ovends
voll wie en Üll.
Hä ess stähnharelsvoll.

Esse on drenke makhe jemötlech.

Diese wenigen exemplarischen Sprüche und Äußerungen lassen sich spielerisch in jeder Form ergänzen und erweitern.
In der Literatur (z. B. bei Hans Müller-Schlösser) finden sich ungezählte typische Wendungen zum Thema Essen und Trinken und nicht zuletzt zum geselligen Beisammensein.

Vornamen mit Eigenschaften

Bestimmte auf Menschen und auf Sachen bezogene Eigenschaften werden im Rheinischen gern mit beliebten Vornamen kombiniert. Dadurch entstehen Sprachbilder, die die Aussagen unmittelbarer und beziehungsreicher, in gewisser Weise glaubwürdiger erscheinen lassen.
In der folgenden Zusammenstellung, die in jeder Weise erweiterbar ist, sind solche bildhaften Namenskombinationen mit einer kurzen Bedeutungsangabe aufgelistet:

Heinrich

stieve Drickes ungelenker (auch: geistig schwerfälliger) Mensch

Anton(ius)

dicke Tünnes unförmiger Mensch
Ferkestünnes der Heilige der Haustiere (der Schweine)

August(us)

schäle Äu scheel blickender, daher dummer August

Elias

füereje Elias mädchentoller Mann

Peter

dröje Pitter	wortkarger Typ, Langweiler
Knüsselspitter	unordentlicher, dreckiger Mensch
Kröskespitter	einer, der Krimskrams liebt, Liebschaften hat
Klöngelspitter	einer, der geheime Abmachungen trifft
Köchepitter	Hausmann, Pöttegucker
Schnövpitter	einer, der überall seine Nase hineinsteckt
Miesepitter	missgelaunter Mensch, Meckerer
Trödelspitter	langweiliger Mensch, langsamer Arbeiter
Wackelpitter	Zappelphilipp; auch: Pudding
Hackepitter	Hackfleisch, Gehacktes
dicke Pitter	große Glocke, dicker Mann

Wilhelm

Ferkes Willem	einer, der sich wie ein dreckiges Schwein verhält
decke Willem	in Prunk über alle Maßen (nach Kaiser Wilhelm II.)

Nikolaus

Saunickel	Drecksschwein, Dreckskerl

Hans

näcke Hännes	abgezogene Blutwurst
Kohlhännes	Lügner; einer, der gern die Wahrheit verbirgt
Prahlhännes	Großkotz, Angeber
Schrapphans	Geizkragen; einer, der Geld zusammenkratzt
Kwatschhannes	Dummredner, Vielredner
Hanswohsch	Bajazzo, Paijass, Spaßvogel, Hanswurst
Schreihännes	Schreihals, schreiendes Kind
Piefehännes	Pfeifenraucher
nickeleje Hännes	eingeschnappter Typ

Helmut

jroote, lange Ömmes	großer, kräftiger, schulterbreiter Mann

Martin(us)

Mähtesmann	Martinsmann, Hl. Martin

Werner

Schnüffeleneres	einer, der überall seine Nase hineinsteckt

Philipp

Zappelphilipp	einer, der nicht ruhig sitzen kann

Lorenz

Knötterlöres	Meckerer
Pingellöres	Geizhals, übertrieben genauer Mensch
Kuschelöres	einer, der sich zu seinem Vorteil Liebkind macht

Alfons

Nöttelefönes	mürrischer Nörgler

Arnold, Noel

Fisternölles	Nörgler, Kritiker, Tüftler, Trickser

Josef

Juppemann	lieber Junge

Lambert

Knochebähtes	Altwaren-, Knochenhändler

Jakob(us)

belleje Köbes	billiger Jakob, Jahrmarkthändler

Christoph(orus)

lange Stoffel	großer, hochgewachsener Mann

Wolfgang

flotte Wolfes	ein schnell laufender Junge im Sport

Berta

dicke Berta	ein beleibtes Mädchen; auch: große Kanone

Cornelia

Schrappnell	geizige Frau, die Haushaltsgeld festhält

Susanne

Transuse	weinerliches Mädchen

Elisabeth

Meckerliese	eine Zimtzicke, meckernde Frau

Lisa, Elisabeth

Trödelslieske	Mädchen, das trödelt, nicht zügig geht
Jöcklieske	männertolles Mädchen

Wilhelmine

Dröppelminna	bergische Kaffeekanne

Maria

Danzmarie	Tanzmariechen

Zwillingsformeln

Die Rheinische Sprache ist nicht nur reich an Sprichwörtern, Redensarten, Sprachbildern und bildhaften Ausdrücken, sie hält auch Wortverdoppelungen, sogenannte Zwillingsformeln vor. Diese verstärken den Sinngehalt der Aussage. Ihre Sprachmittel sind häufig der Stabreim und die Alliteration – mit dem gleichen Anlaut erhalten verschiedene Wörter von synonymer Bedeutung eine kraft- und klangvollere Aussage. Gesteigert wird die Aussagekraft dieser Zwillingsformeln oft durch innenliegende Reime.
In der folgenden Auflistung, die keinen Anspruch auf Vollständigkeit erhebt, werden diese Zwillingsformeln alphabetisch (maßgeblich ist das Hauptbedeutungswort) neben die standarddeutsche Entsprechung gestellt:

met Ach on Krach	mit Müh und Not
af on zo	ab und zu
Aht on Wies	Art und Weise, so
angs on bang	Angst und Bange
met de janze Bajahsch	mit Sack und Pack
op Beeje on Breche	auf Biegen und Brechen, um jeden Preis
Boß- on Bäddaach	Buß- und Bettag
wie Daach on Nacht	wie Tag und Nacht
onger Dach on Fach	unter Dach und Fach, gut geregelt sein
dann on wann	dann und wann, gelegentlich
deck on doof	dick und doof
domm jebore, domm jestorve	jemand, aus dem nichts geworden ist / wird

wie Dood on Düvel	Tod und Teufel
doof on domm	dumm und doof
Doof blievt doof	Doof bleibt doof.
dörch Dreck on Drieß	durch Dick und Dünn
dörch on dörch / dörch n dörch	durch und durch
dronger on dröver	drunter und drüber
drop on draan	drauf und dran, fast
an alle Ecke on Ende	an allen Ecken und Enden
eens nohm angere	eins nach dem anderen, nacheinander
erop on eronger	herauf und hinunter
fix on fehdech	fix und fertig, ganz und gar
för on widder	für und wider
Füer on Flamm	Feuer und Flamme
met Häng on Föß	mit Händen und Füßen
Här on Hongk	Herr und Hund
Hemmel on Ähd	Himmel und Erde
hoh on hellech	hoch und heilig
Hongk on Katz	(wie) Hund und Katze
met Hoot on Mantel	warm angezogen
op Höre on Senn	Hören und Sehen vergehen
Huus on Hoff	Haus und Hof, gesamter Grundbesitz
met Huut on Hoor	mit Haut und Haaren
jang on jäv	gang und gäbe
janz on jah	ganz und gar, völlig
jehopps(t) wie jespronge	gehopst wie gesprungen, ohne Unterschied
met Jlanz on Jloria	mit Glanz und Gloria; ironisch: sehr gut
(en) Jrond on Boddem	Grund und Boden
met Kengk on Keejel	mit Kind und Kegel
klipp on klor	klipp und klar
Knisterfister	Kleinigkeitskrämer
kohz on kleen	kurz und klein

vom Kopp bes (noh de) Föß	von Kopf bis Fuß
öm Kopp on Krare	um Kopf und Kragen
lang on briet	lang und breit
met Liev on Seel	mit Leib und Seele
dörch Mark on Been	durch Mark und Bein
en Mark on Penning	mit Mark und Pfennig
noh on noh	nach und nach, allmählich
null on jahnix	null und nichtig
pö a pö	nach und nach, allmählich
reiht on bellech	recht und billig
met Sack on Pack	mit Sack und Pack
en Sammet on Sied	in Samt und Seide
schleiht on reiht	schlecht und recht
Schotz on Scherm	Schutz und Schirm
Steen on Been	Stein und Bein
de Trepp erop, de Trepp eraf	treppauf, treppab
verdammt on zojenäht	verflucht und zugenäht
en Wenk on Wähder	bei Wind und Wetter, egal wann
wie Wald on Wies	wie Wald und Wiese
wiet on briet	weit und breit
Zoch öm Zoch	Zug um Zug, zügig

Quellen und weiterführende Literatur

Duden: Deutsches Universalwörterbuch. 7. Auflage 2011 (Duden Univ. WB)

Duden, Band 11: Redewendungen. 3. Auflage 2008 (Duden Redew.)

Duden, Band 7: Das Herkunftswörterbuch. 5. Auflage 2015 (Duden Herk.)

Jacob und Wilhelm Grimm: Deutsches Wörterbuch. 33 Bde. Leipzig 1854–1954 (1971) (Grimm WB Bd. 1 bis 33)

Kluge: Etymologisches Wörterbuch der deutschen Sprache. 25. Auflage 2011 (Kluge Etym. WB)

Hans Müller-Schlösser: Wie der Düsseldorfer denkt und spricht. Düsseldorf 1952

Heidi Stern: Wörterbuch zum jiddischen Lehnwortschatz. Tübingen 2000 (Stern WB Jidd.)

Heinrich Spohr: Wörterbuch der Düsseldorfer Mundart. Deutsch – Düsseldorfer Rheinisch. Düsseldorf 2013, 2018 (Spohr WB)

Heinrich Spohr: Das Düsseldorfer Rheinisch gesprochen – geschrieben. Düsseldorf 2006/2008 (Spohr Dfer Rh. 2008)

Heinrich Spohr: Wörterbuch der Rheinischen Vornamen in der Düsseldorfer Mundart. Düsseldorf 2010 (Spohr WB Vornamen)

Heinrich Spohr: Dr Affekat em Zuppejröns. Begriffe der Düsseldorfer Mundart – Bedeutung und Herkunft. Düsseldorf 2015 (Spohr Affekat)

Heinrich Spohr: De Aapefott böllkt Zapperlot. Begriffe der Düsseldorfer Mundart – Bedeutung und Herkunft. Düsseldorf 2017 (Spohr Aapefott)

Rheinisches Wörterbuch des Provinzialverbandes der Rheinprovinz und des Landschaftsverbandes Rheinland. 9 Bände. Bonn/Berlin 1928–1971 (Rh. WB Bd. 1 bis 9)

Der Autor

Heinrich Spohr wurde 1940 in der Düsseldorfer Altstadt geboren; Studium der Geographie, Romanistik und Sprachwissenschaft; über die Stadtgeographie und Stadtgeschichte analytische Auseinandersetzung mit der rheinischen Sprache des Düsseldorfer Raumes.

Seit 1980 zahlreiche Vorträge und sprachanalytische Veröffentlichungen, unter anderem: »Das Düsseldorfer Rheinisch, gesprochen – geschrieben« (2006, 2008), »Wörterbuch der Rheinischen Vornamen« (2010), »Wörterbuch der Düsseldorfer Mundart. Deutsch – Düsseldorfer Rheinisch« (2013, 2018), »Dr Affekat em Zuppejröns. Begriffe der Düsseldorfer Mundart – Bedeutung und Herkunft« (2015), »De Aapefott böllkt Zapperlot. Begriffe der Düsseldorfer Mundart – Bedeutung und Herkunft« (2017).

1992 bis 2013 Baas der Alde Düsseldorfer Bürgergesellschaft; Redakteur der Zeitschrift für Kultur und Tradition »Jan Wellem«. Träger des Rheinlandtalers (2005), des Verdienstordens der Bundesrepublik Deutschland (2007), der Gebrüder-Jacobi-Plakette (2007), der Jakob-Faasen-Plakette (2014).

Düsseldorfer Mundart im Grupello Verlag

De Aapefott böllkt Zapperlot

Begriffe der Düsseldorfer Mundart. Bedeutung und Herkunft
2. Auflage

176 Seiten, Broschur, Format: 13 x 21 cm
ISBN 978-3-89978-287-5

Nach »Dr Affekat em Zuppejröns« (erschienen 2015) legt Heinrich Spohr, der fundierte Kenner der Düsseldorfer Mundart, Erklärungen zu 250 weiteren Begriffen vor. Hier werden bekannte Wörter und Redewendungen aus dem Düsseldorfer Raum aufgegriffen und ihre sprachhistorischen Hintergründe, Wortverwandtschaften und Bedeutungsvarianten mit Witz und Charme dargelegt. Eine Fundgrube zum Nachschlagen, Stöbern und Entdecken für Düsseldorfer und solche, die es werden wollen.

Dr Affekat em Zuppejröns

Begriffe der Düsseldorfer Mundart. Bedeutung und Herkunft

256 Seiten, Broschur, Format: 13 x 21 cm
ISBN 978-3-89978-238-7

Wissen Sie, was ein Fisternöllchen mit dem Weihnachtsmann zu tun hat? Oder wie die Düsseldorfer Küles mit einem Gesäß in Verbindung stehen? Oder gar, welcher Zusammenhang zwischen den aufgetakelten Damen auf der Kö und Teichhühnern besteht? Nein? Wir verraten es Ihnen! »Dr Affekat em Zuppejröns« ist eine Begriffsammlung, die mit viel Charme und Witz die Bedeutungs- und Herkunftsrahmen – de Etümolojie – bekannter Wörter der Düsseldorfer Mundart unter die Lupe nimmt und dabei mitunter Verbindungen aufspürt, die selbst alteingesessene Düsseldorfer zum Staunen bringen.

Dabei werden sprachliche Hintergründe, Abstammungen und Verwandtschaften dokumentiert, die zeigen, wie spielerisch und bedeutungsschöpferisch das Rheinisch mit seinen Begriffen umgeht und wie aus einzelnen Wörtern neue Sprech- und Sinnzusammenhänge entstehen können. Ein Standardwerk für jeden Bewohner der Landeshauptstadt – zum Nachschlagen, Stöbern und Entdecken.

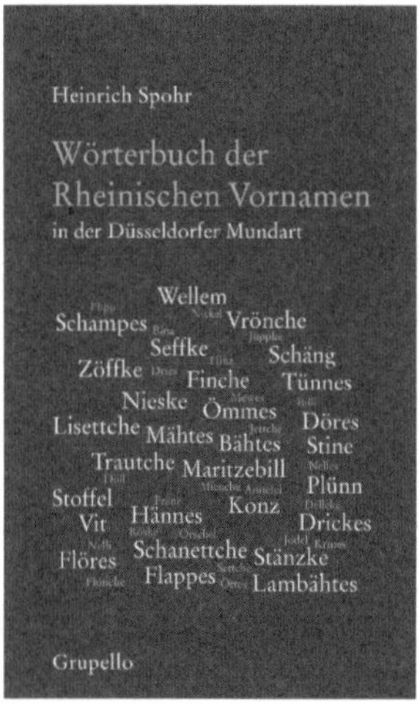

Wörterbuch der Rheinischen Vornamen in der Düsseldorfer Mundart

64 Seiten, Klappenbroschur, Format: 13,5 x 21 cm
ISBN 978-3-89978-143-4

Welche Vornamen verbergen sich eigentlich hinter »Döres«, »Jilles«, »Ömmes«, »Plönche« oder »Delleke«? Welche Charaktereigenschaften werden einem »Drömmelspitter«, einem »Rollbatz« oder einem »Zockerfinche« zugeschrieben? Heinrich »Drickes« Spohrs besonderes Wörterbuch gibt auf informative und amüsante Weise Auskunft über die Rheinischen Varianten der gängigsten Vornamen sowie deren etymologische Herkunft und Bedeutung. Zusätzlich werden Koseformen und Redewendungen aufgeführt: »Ech ben doch nitt Dinne Johann« oder auch »Hä hätt Mattes in de Maue« lassen tief blicken in die rheinische Seele …

Seltene und fast in Vergessenheit geratene Namen werden bei der kurzweiligen Lektüre und der Suche nach dem eigenen Vornamen garantiert neu entdeckt.

Wörterbuch der Düsseldorfer Mundart

Deutsch – Düsseldorfer Rheinisch
2. Auflage

400 Seiten, gebunden, Format: 17,5 x 24,5 cm
ISBN 978-3-89978-176-2

Das Düsseldorfer Rheinisch ist mehr als eine lokale Bezeichnung für den rheinischen Dialekt. Es bildet eine eigenständige Sprachvariante des Rheinischen, ist lebensvoll, bildhaft und kreativ. Unsere Mundart ist keine platte Sprache und mehr als ein übergreifendes Verständigungsmittel. Sie unterscheidet sich von der Kunstsprache des Standarddeutschen beträchtlich, auch wenn das Vokabular ähnlich zu sein scheint.
Sprachmelodie, Wortklang, Grammatik, Syntax oder Redewendungen heben sich nicht nur vom Normdeutschen ab, sondern stellen sich eigenständig, sogar »normdeutschresistent« dar.
Das »Wörterbuch der Düsseldorfer Mundart« präsentiert den aktuellen Wortschatz mit 190.000 Einträgen dieser lebendigen Mundart. Ein Werk, das es in dieser Form bisher noch nicht gegeben hat!

Das Düsseldorfer Rheinisch

gesprochen – geschrieben

Hrsg. von der Alde Düsseldorfer Bürgergesellschaft 1920 e. V.

2. durchgesehene und erweiterte Auflage
192 Seiten, Broschur, Format: 13 x 21 cm
ISBN 978-3-89978-083-3

Die Mundart ist wieder salonfähig geworden und das nicht nur zur Karnevalszeit. Was Heinrich Spohr hier vorlegt, ist kein Wörterbuch wie wir es in jüngster Zeit für andere rheinische Großstädte finden, sondern eher eine Grammatik, um sprachlich fundierte Schreibregeln für das »Düsseldorfer Rheinisch« festzulegen und zu begründen. Spohr hat das in Düsseldorf gesprochene Rheinisch verschriftlicht, d. h. er schlägt verbindliche Schreibweisen für den Lautstand des gesprochenen Worts vor und begründet das lautgeschichtlich. Dazu gehört der Gebrauch des Dehnungs-h ebenso wie eine mundartliche »Düsseldorfer« Grammatik. Es ist eine Grammatik, die man lesen kann wie einen Roman und bei der man überdies noch einiges über Sprachgeschichte lernt.